...entäter + Revolverhelden + Mörder +

Edward Teach

Hannikel

Charlotte Corday

Robespierre

Eugene Francois Vidocq

Niccolo Machiavelli

Billy the Kid

Königin Maria I. von England

Carl Peters

Francis Drake

Nostradamus

Graf Cagliostro

Wild Bill Hickok

Zar Iwan IV.

TREFF-Schülerwissen
GEFÜRCHTET
Die Wahrheit über berühmte & berüchtigte Menschen

Velber Verlag

Repro: Meyle+Müller, Pforzheim
Druck und Bindung: Himmer - Winco Ltd., China

ISBN: 978-3-86613-579-6

Treff - Schülerwissen

GEFÜRCHTET

Die Wahrheit über berühmte
& berüchtigte Menschen

Tatsachen

Informationen

Hintergründe

velber

INHALT

EROBERER

Gnadenlos und gierig

Hernan Cortes, Lope de Aguirre, Attila und Dschingis Khan. Sie alle rauben und morden in fremden Ländern und legen dort ganze Städte in Schutt und Asche. Dabei sind sie eigentlich besonnen, umsichtig und intelligent. Was bringt Menschen dazu, sich in habgierige und rücksichtslose Eroberer zu verwandeln?

EROBERER

DSCHINGIS KHAN

„Ich will die Welt beherrschen!"

Er gilt als grausamer, erbarmungsloser Feldherr – und als geschickter, weitblickender Staatsmann. Seine Reitersoldaten erobern das größte Reich, das ein Herrscher zu Lebzeiten jemals besessen hat: Dschingis Khan. Was ist das Geheimnis seiner Macht?

Man schreibt das Jahr 1162, eisiger Wind fegt über die mongolische Steppe. Aber ein wohliges Feuer wärmt das Häuptlingszelt. Hoelun, die Frau des Stammesführers Jesegüi, empfängt ihr erstes Kind. Bei der Geburt geschieht etwas Merkwürdiges: Das frischgeborene Baby hält einen Tropfen geronnenen Blutes in den Händchen. Er glitzert wie ein Edelstein. Der Schamane ruft entzückt: „Ein Zeichen! Der Junge wird eines Tages ein gewaltiger Krieger!" Der Medizinmann behält recht. Temüdschin, so der Name des Kindes, wird wenige Jahre später als Dschingis Khan über das bis dahin größte Reich der Menschheitsgeschichte herrschen ...

„Mir nach!" Dschingis Khan an der Spitze seiner Reiterhorde. Ein Mann mit zwei Gesichtern: Auf der einen Seite ein erbarmungsloser Eroberer, der unsägliches Leid über die unterworfenen Völker bringt. Auf der anderen Seite ein weitsichtiger Herrscher

Selbst die mächtige, bis zu neun Meter hohe und ungefähr 6000 Kilometer lange Chinesische Mauer hält die Mongolen nicht auf. Die Krieger Dschingis Khans finden die Schwachstellen des Bollwerks und überwinden es mit Leitern und Rammböcken

Aber das Schicksal meint es zunächst nicht gut mit ihm. Feinde vergiften seinen Vater und vertreiben seine Mutter mit Temüdschins Geschwistern aus dem Stamm. Temüdschin jedoch ist unverwüstlich und entwickelt sich zu einem listigen und unermüdlichen Kämpfer. Er weiß, dass man in der Steppe nur überleben kann, wenn man mächtige Verbündete hat. Durch geschickte Verhandlungen einigt er die verfeindeten Sippen und Stämme und macht sich selbst zum Anführer. Dabei ist er in der Wahl seiner Mittel nicht zimperlich. Wer ihn nicht anerkennt, wird brutal bekämpft und unterworfen.

Die schlagkräftigste Armee der Welt

Ein Beispiel für seine Grausamkeit: Nach dem Sieg über das benachbarte Steppenvolk der Tataren lässt er alle Krieger enthaupten, die größer sind als die Achse eines Ochsenkarrens lang ist. 1206 schließlich ist es soweit: Temüdschin wird zum Dschingis Khan, zum Herrscher aller mongolischen Stämme ausgerufen. Bei seiner Wahl zum Khan spricht er einen heiligen Schwur: „Ich will Macht haben über alles, was auf Erden atmet."

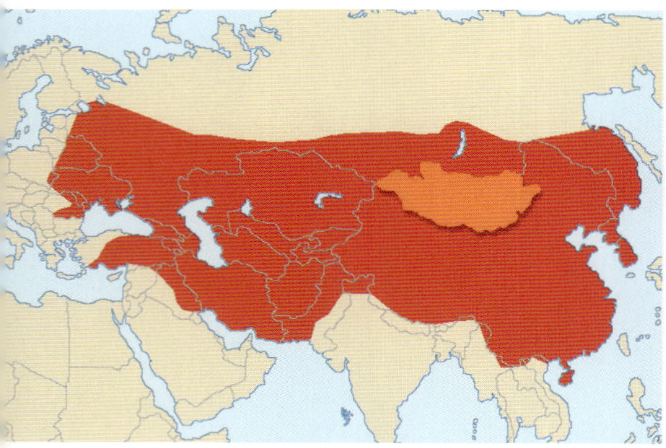

Das Mongolenreich in seiner größten Ausdehnung Anfang des 13. Jahrhunderts. Der orangefarbene Bereich zeigt die Heimat Dschingis Khans. Er umfasst ungefähr das Gebiet der heutigen Mongolei. Das Bild aus dem 14. Jahrhundert zeigt Dschingis Khan als milde blickenden Herrscher

Dafür baut er die bis dahin schlagkräftigste Armee der Welt auf. Der Begriff wilde Horde, der in vielen Büchern steht, trifft nicht zu. Denn die etwa 100 Tausendschaften sind straff organisiert. Die kleinste Einheit ist die Zehnergruppe, in der die Männer sich gegenseitig kontrollieren müssen. Wenn zum Beispiel ein Krieger vor dem Feind flieht, wird die ganze Gruppe mit dem Tode bestraft.

Seine Krieger verwüsten das Riesenreich China

Jeder Reiter hat stets zwei Ersatzpferde mit sich zu führen. Rast ist nur zum Schlafen und Essen erlaubt. So kann das mongolische Heer mehr als 100 Kilometer am Tag zurücklegen. Für die damalige Zeit eine unvorstellbare Leistung.

Die Mongolen überrennen und verwüsten das chinesische Riesenreich und anschließend Korea. Dann wendet sich Dschingis Khan nach Westen, erobert Afghanistan, Kasachstan und Russland. Jahre später dringt seine Armee bis nach Schlesien vor. Was treibt den Herrscher an, immer mehr Länder zu erobern? Der wichtigste Grund: Dschingis Khan muss den unterworfenen Stämmen etwas bieten, damit sie seine Macht akzeptieren und bereitwillig jede Menge Krieger zur Verfügung stellen. Ihr Lohn sind die Reichtümer, die in der Fremde locken. Die größte Ausdehnung seines Reiches erlebt Dschingis Khan nicht mehr. 1226 verletzt er sich bei einem Sturz vom Pferd und stirbt ein Jahr später.

Tricks & Hinterlist

Um ganze Städte zu erobern, hat Dschingis Khan hinterlistige Tricks angewendet: Einer chinesischen Stadt macht er das Angebot, er ziehe mit seinem Heer ab, wenn die Bewohner ihm 1000 Katzen überbringen. Die Belagerten erfüllen die Forderung. Die Mongolen jedoch befestigen Fackeln an den Schwänzen der Tiere, zünden diese an und jagen die Katzen zurück. Dadurch brennt die Stadt nieder und die Mongolen nehmen sie ohne große Gegenwehr ein.

Angriff auf Peking: Zweimal belagern Dschingis Khans Soldaten die chinesische Hauptstadt. Zweimal trotzen die zwölf Meter dicken Mauern den wütenden Attacken. Erst beim dritten Versuch, im Jahre 1215, gelingt den Mongolen die Eroberung

Eitler Haudegen: George Armstrong Custer (1839 – 1876) trägt sein Haar gern lang, sein Schnurrbart ist stets gepflegt. Diese schmucke Uniform hat er nach seinen Angaben anfertigen lassen. Auffällig: die Generalssterne auf dem Kragen.

GENERAL CUSTER

Der ehrgeizige

Er hasst die Indianer. Daher kann es der amerikanische General Custer am Fluss Little Bighorn nicht erwarten, sie anzugreifen. Sein Fehler...

Custer soll eigentlich gemeinsam mit den Truppen seines Oberbefehlshabers General Terry marschieren. Sie führen Krieg gegen die Indianer. Aber Custer denkt nicht daran zu warten, sondern reitet mit seiner Kavallerie voraus. Der größenwahnsinnige Offizier braucht unbedingt einen großen militärischen Erfolg, denn er will für das Amt des Präsidenten kandidieren.

Angriff im Morgengrauen ...

Custer denkt, er habe ein leichtes Spiel, als er am Morgen des 25. Juni 1876 mit 300 Mann das Indianerlager angreift. Aber er hat nicht mit der genialen Kriegslist des Sioux-Häuptlings Sitting Bull gerechnet. Dessen Krieger ergreifen scheinbar die Flucht, als Custers Truppe auftaucht. Die Indianer kesseln die Soldaten von den Seiten her ein. Gegen die Übermacht der Indianer haben die Soldaten keine Chance. Die Schlacht am Little Bighorn ist schnell entschieden. Kein Soldat kommt lebend davon.
Custers Leichtsinn und der Kriegslist Sitting Bulls verdanken die

Indianer ihren einzigen großen Sieg über die amerikanische Armee. George Armstrong Custer ist ein zwielichtiger Mensch. Seine Frau Libby liebt er abgöttisch, aber in der Armee gilt er als rücksichtsloser Angeber. An der Militärakademie bekommt er angeblich neunzig Ver-

Draufgänger

Schlacht am Fluss Little Bighorn: Gegen die Übermacht der Cheyenne- und Sioux-Indianer hat Custers Truppe keine Chance. Kein Soldat überlebt. Es ist das letzte Mal, dass sich die Indianer erfolgreich gegen den „Weißen Mann“ zur Wehr setzen

weise wegen schlechten Benehmens. Später, als Kommandant, quält er seine Soldaten bis zur Erschöpfung. „General“ nennen sie ihn nur aus Höflichkeit. Im amerikanischen Bürgerkrieg (1861 - 1865) wird er zwar in der Freiwilligenarmee zum Brigadegeneral befördert, aber nach Kriegsende wieder zurückgestuft, wie es in der US-Army üblich ist.

Warum hassen die Indianer Custer?

Im Jahr 1868 überfällt Custer mit seiner Truppe ein Dorf der Cheyenne-Indianer am Washita Fluss. Mehr als Hundert Indianer werden getötet. Darunter viele Frauen und Kinder. Angeblich hat Custer jedoch den Befehl gegeben, Frauen und Kinder zu verschonen. Trotzdem gilt Custer unter den Indianern als skrupelloser Mörder. Ein weiterer Grund, warum die Indianer ihn so hassen, ist die von Custer geleitete Expedition in die Black Hills. Das sind die heiligen Berge der Sioux-Indianer. Und genau dort sucht Custer nach Bodenschätzen. Er findet tatsächlich Gold und macht das bekannt. Die Folge: Tausende von Goldsuchern überrennen die Black Hills ...

Dieses Pferd namens Comanche ist das einzige Lebewesen, das die Schlacht am Little Bighorn übersteht. Es wird schwer verwundet, dann gesund gepflegt und nie wieder geritten

Der Eroberer Hernan Cortes (1485 – 1547) in der Kleidung eines spanischen Edelmannes. Auf diesem Gemälde macht er einen klugen und umsichtigen Eindruck. In Wahrheit ist er ein gieriger, hinterlistiger Mann

HERNAN CORTES

Er vernichtet die Azteken

Eine Weissagung wird dem Aztekenherrscher Montezuma zum Verhängnis. Die Azteken glauben daran, dass eines Tages ihr Lichtgott Quetzalcoatl, der sie einst verlassen hatte, übers Meer zu ihnen zurückkehren würde – und zwar als weißer Mann mit Bart.

Als der spanische Eroberer Hernan Cortes 1519 mit seinen Schiffen an der Küste Mexikos anlegt, zweifelt der Aztekenkönig Montezuma keinen Augenblick, dass Cortes dieser Gott ist. So kommt es, dass Cortes und seine Leute in einem prächtigen Palast der Hauptstadt Tenochtitlan untergebracht werden und die Azteken ihnen großzügig Gastfreundschaft gewähren. Aber die Spanier danken es ihnen nicht. Sie haben nur eines im Sinn: Gold. Ihr Anführer Cortes gilt als besonders geldgierig und brutal. Im Unterschied zu anderen Eroberern, die weder lesen noch schreiben können, hat er studiert und spricht fließend Latein.

Warum rächen sich die Götter nicht?

Cortes nimmt den gutgläubigen Montezuma gefangen und zwingt ihn, die Oberherrschaft des spanischen Königs anzuerkennen. Er verpflichtet ihn dazu, Abgaben zu leisten: Gold, Edelsteine und Nahrungsmittel. Cortes' Männer suchen das ganze Aztekenreich nach Gold ab, zerstören die einheimischen Götterstatuen und errichten Kreuze an ihrer Stelle.

Warum rächen uns die Götter nicht, fragen sich die Azteken lange ratlos, ehe sie sich wehren und zu den Waf-

Mit einer feierlichen Zeremonie begrüßt der Aztekenherrscher Montezuma den Eroberer Cortes. Er hält ihn für einen Gott. Montezuma ist mit bunten Federn reich geschmückt und wird in einer Sänfte getragen. Festlich gekleidete Adlige begleiten ihn

Brutale Eroberer: In ihrer Hauptstadt Tenochtitlan feiern Azteken ihr Frühlingsfest. Plötzlich gibt ein spanischer Hauptmann das Signal zum Angriff. Mit unbeschreiblicher Grausamkeit metzeln die Soldaten die Azteken nieder

fen greifen. Die Spanier fliehen, kehren später mit einer großen Streitmacht zurück. Eine monatelange Belagerung der Hauptstadt Tenochtitlan beginnt. Die Bewohner werden ausgehungert, Tausende sterben an Infektionskrankheiten wie Pocken und Grippe. Diese Krankheiten gab es bisher nicht, die Spanier haben sie eingeschleppt. Verzweifelt geben die Azteken auf.
Die Angreifer machen Tenochtitlan dem Erdboden gleich. Damit nicht genug. Hernan Cortes erobert später weitere aztekische Gebiete. Doch sein Reichtum wird ihm missgönnt. Er stirbt 1547 einsam und verbittert auf seinem Landgut in Spanien.

Wer waren die Azteken?

Ursprünglich waren die Azteken Nomaden, die sich an einem See in Mexiko niederließen. Sie unterwarfen die Nachbarvölker und gründeten ein mächtiges Reich mit der Hauptstadt Tenochtitlan. Heute steht an dieser Stelle die Großstadt Mexiko. Die Azteken hatten eine Religion, in der es viele Menschenopfer gab. In ihren Tempeln starben jedes Jahr Tausende Gefangene und Sklaven, denen das Herz aus dem Leib gerissen wurde (Bild links).

Todesmutig: Der Bischof von Reims kommt Attila psalmensingend entgegen und bittet um Gnade. Eine ergreifende Szene. Aber Attila zuckt nur mit den Schultern und lässt den mutigen Bischof auf der Stelle töten

Vor ihm zittert ganz Europa

Finster, machtbesessen und unkultiviert. So beschreiben damalige Geschichtsschreiber den Hunnenkönig. Nach neuen Forschungen war Attila (etwa 406 -453) schlau wie ein Fuchs, aber sehr grausam

Sie kommen wie ein Blitz über Europa: die Hunnen. Attilas wilde Reiterhorden erobern ein Riesengebiet – vom Ural bis zum Rhein. Ganze Völker fliehen vor den todesmutigen Reitern aus der russischen Steppe.

Attila wird zu Beginn des 5. Jahrhunderts irgendwo in einem Zelt in der Steppe Kasachstans geboren. Er ist ein Königssohn und schon als Kind ein geschickter Reiter und begabter Jäger. Sein Vater schickt den 14-Jährigen als Geisel nach Italien, nach Ravenna an den kaiserlichen Hof. Er studiert dort Latein, lernt die Sitten der Römer und ihre Militärpolitik kennen.

Es ist damals unter den mächtigen Völkern üblich, dass Söhne von Herrschern an fremden Höfen leben. Sie dienen als Pfand gegen Angriffe. Später, als er uneingeschränkter König der Hunnen ist, thront Attila in seinem Zelt auf einer Liege – nach römischem Vorbild. Und wie viele römische Herrscher ist auch Attila machtbesessen. Seinen Bruder, mit dem er zunächst die Herrschaft teilt, lässt er umbringen.

Dann bricht er zu seinen grausamen Feldzügen auf. Vermutlich kann die karge Steppe sein Volk nicht mehr ernähren. Vielleicht lockt auch der Reichtum im Westen. Als auf dem Balkan nichts mehr zu holen ist, sucht er sich neue Ziele für seinen Eroberungsdrang: Germanien und Gallien. Seine Reiterhorden überrennen die deutschen Gebiete im Süden, fegen über den Rhein hinweg und brennen in Gallien eine Siedlung nach der anderen nieder.

Hat seine Frau Hildiko ihn vergiftet?

Nach einer brutalen Schlacht gegen die Römer und Westgoten muss sich Attila zunächst zurückziehen. Aber er fällt wenige Monate darauf in Norditalien ein.

Ein Jahr später ist der Spuk der Hunnenherrschaft plötzlich vorbei: Attila stirbt in seiner Hochzeitsnacht mit der burgundischen Königstocher Hildiko. Die Ursache seines Todes ist umstritten. Eine Version besagt, dass Hildiko den Hunnenkönig im Auftrag des Römischen Reiches vergiftet hat.

Steigbügel und Lasso

Steigbügel mit Lederschlaufen: Damit sind die Hunnen anderen Völkern überlegen, die diese Technik nicht kennen. Die hunnischen Reiter haben dank der Steigbügel stabilen Halt im Sattel und deshalb beide Hände frei zum Kämpfen. Neu und erfolgreich ist auch das Lasso, mit denen sie ihre Gegner vom Pferd reißen.

Grimmige Miene, bösartiger Blick: Ein Bild, das wohl genau den Charakter Lope de Aguirres (1510 – 1561) wiedergibt. Denn auch im wirklichen Leben kennt der Eroberer weder Rücksicht noch Gnade

LOPE DE AGUIRRE

„Ich bin der Zorn Gottes"

Seine Blutspur ist lang, sein Jähzorn gefürchtet. Der Baske Lope de Aguirre gilt als einer der bösartigsten und brutalsten Eroberer Südamerikas.

Seine Gier nach Gold ist unersättlich, und er ist unglaublich grausam. Wegen seiner Brutalität wird er eines Tages sogar selbst ausgepeitscht. Aber er rächt sich umso härter. Den Richter, der ihn verurteilt hat, erwürgt Lope mit bloßen Händen.
Noch schlimmer wütet er auf einer Expedition auf der Jagd nach dem legendären Goldland Eldorado.

Ständig wittert er Verrat und Betrug

Unter Lopes Führung durchquert die erbarmunglose Truppe auf Urwaldflüssen den Dschungel, brennt unterwegs ganze Dörfer und Siedlungen nieder. Endstation ist die Isla Margarita in der Karibik. Dort bringt er wie ein Wahnsinniger die Hälfte der Einwohner um. Er verschont nicht mal seine eigenen Leute, da er ständig Verräter unter ihnen vermutet. Der jähzornige Gewalttäter hält sich für den Zorn Gottes.

Den letzten seiner rund 70 Morde begeht er an seiner eigenen Tochter. Schließlich wird Lope von einem ehemaligen Mitstreiter erstochen.

Der wahnsinnige Lope de Aguirre ermordet seine eigene Tochter: Die Szene stammt aus dem Film „Aguirre, der Zorn Gottes", der die Geschichte des Eroberers nachzeichnet. Mit Klaus Kinski und Cecilia Rivera

Hannibal (246 - 183 vor Christus): ein genialer und trickreicher Feldherr. Er wagt den Kampf gegen Rom, verspielt aber den Sieg

HANNIBAL

Mit Elefanten gegen Rom

Er ist der Mann, der Rom das Fürchten lehrt. Hannibal, der berühmte Feldherr aus Karthago, bringt die Supermacht des Altertums an den Rand des Zusammenbruchs.

Elefanten als Kriegswaffe werden im Altertum häufig eingesetzt. Aus Angst, zertrampelt zu werden, flüchten viele Soldaten

Karthago war ein mächtiger Stadtstaat im heutigen Tunesien. Seine Handelsmacht ist im dritten Jahrhundert vor Christus so bedeutend, dass sich die andere große Supermacht Rom mächtig darüber ärgert. So muss man sich nicht wundern, dass es Krieg gibt. Das besondere an diesem blutigen Gemetzel ist die Aufsehen erregende Kriegsführung: Hannibal, ein Feldherr Karthagos, überquert mit 50 000 Soldaten und 37 Kriegselefanten die Alpen. Kaum zu glauben, dass es ihm gelingt, die schweren Dickhäuter über das gewaltige Gebirge aus Fels, Eis und Schnee zu bringen. Nur 17 Elefanten und etwa die Hälfte der Soldaten überleben die Anstrengung. Obwohl seine Armee kleiner ist, gelingt es Hannibal, die Römer im eigenen Land vernichtend zu schlagen. Vor den wütenden Elefanten laufen die römischen Soldaten in Scharen davon. Kein Wunder, dass auch die Bevölkerung in der Hauptstadt vor Hannibal zittert. Aber der Feldherr greift Rom nicht an, sondern zieht stattdessen durch Süditalien. Die Römer, nun schlauer, blockieren seinen Nachschub. Schließlich kehrt Hannibal nach Karthago zurück. Die Römer drehen den Spieß um, greifen ihrerseits Karthago an, besiegen und zerstören es. Frustriert nimmt sich Hannibal daraufhin das Leben.

ALEXANDER DER GROSSE

Von Gestalt war er offenbar klein, denn als Alexander auf dem Thron des Perserkönigs Dareios saß, konnte er seine Füße nicht auf den elfenbeinernen Schemel stellen, der sich unterhalb des Thronsitzes befand. Erst später, als er das größte Reich der bis dahin bekannten Welt erobert hatte, geht der erfolgreiche Feldherr und Herrscher als Alexander der Große in die Geschichte ein. Er ist 20 Jahre alt, als er im Jahre 336 vor Christus den Thron von Makedonien besteigt, ein kleines Land, das damals über Griechenland herrscht. Als erste Maßnahme lässt er all jene Personen, die ihm gefährlich werden könnten, durch bezahlte Mörder umbringen. Anschließend unterwirft er in einem Blitzfeldzug die Nachbarvölker, sichert sich die Herrschaft über ganz Griechenland. Dann macht er sich daran, Persien, die andere Supermacht, zu erobern. Er hat Glück und militärisches Geschick und siegt sogar gegen Heere der Perser, die viel größer sind als seine. Syrien und Ägypten ergeben sich ihm fast kampflos.

Auf ihren Feldzügen gründen die Makedonier ein Dutzend Städte, denen sie den Namen Alexandria geben. Alexander, der bislang am Kampf Unbeteiligte geschont hat, führt sich in Persien wie ein Tyrann auf: Man berichtet von Hinrichtungen, Brandstiftungen und Trinkgelagen. Er stirbt, geschwächt durch viele Strapazen und Verwundungen, mit nur 32 Jahren.

FRANCISCO PIZARRO

In Spanien, seiner Heimat, ist er ein Schweinehirt. Aber als Francisco Pizarro (1476-1541) vom sagenhaften Reichtum in der neuen Welt Amerika hört, will auch er sein Glück machen. Er segelt über den Atlantik und erfährt dort von der Eroberung des Aztekenreiches durch Cortes. Jetzt ist Pizarro besessen davon, das berühmte Goldland Eldorado zu finden. Mit 200 Soldaten landet er an der Küste des heutigen Perus, dringt ins Landesinnere vor. Er hat unverschämtes Glück. Die Ureinwohner, die Inkas, sind geschwächt. Gerade ist ein blutiger Thronfolgekrieg zu Ende gegangen. Der hinterlistige Pizarro nimmt den neuen Inka-Herrscher Atahualpa gefangen und lässt dessen Männer töten. Der Inka-König weiß, dass es die Spanier auf Gold und Silber abgesehen haben. Er verspricht ihnen, dass er den Raum, in dem er gefangen ist, komplett mit Gold füllen will, wenn er wieder freigelassen wird. Pizarro bekommt sein Gold, hält jedoch sein Wort nicht. Atahualpa wird erwürgt. Die Spanier erobern die Inkahauptstadt, plündern sie und stecken sie in Brand. Später kommt es unter den Eroberern wegen angeblich ungerechter Verteilung der Beute zum Streit. 1541 wird Pizarro von seinen eigenen Männern ermordet.

ERIK DER ROTE

Erik (950 – 1006) ist wild, zäh und hitzig. Ein Mann wie ein Vulkan. Ein echter Wikinger aus dem hohen Norden. Seinen Beinamen bekommt er wegen seiner roten Haare und seines roten Bartes. Um das Jahr 980 gerät er auf Island in heftigen Streit mit seinen Nachbarn. Es geht um Weideflächen. Erik ist so wütend, dass er beide Männer erschlägt. Zur Strafe wird er aus seiner Heimat verbannt. Deshalb bricht er mit einem Schiff und einer Handvoll Gefährten auf, um neues Land zu erobern. Sie segeln viele Tage durch das eisige Nordmeer nach Westen, bis sie schließlich eine Insel voller Eis und Schnee entdecken. Nur im Westen finden sie einen grünen Küstenstreifen. Deswegen nennt Erik die Insel grünes Land: Grönland. Ein Trick, um andere Wikinger anzulocken, damit sie sich dort niederlassen. Und es funktioniert: Erik kehrt im Jahr 985 nach Island zurück und schwärmt von der neuen Insel. Mit 25 Schiffen segelt er erneut nach Grönland. An Bord: Vieh, Bauholz, Werkzeug, Saaten und natürlich Frauen und Kinder. Nur 14 Schiffe erreichen ihr Ziel, wo die Isländer Siedlungen gründen. Erik stirbt ungefähr im Jahr 1006 an einer Krankheit.

Furchterregend: Wikinger landen an einer europäischen Küste. Die Männer sind bis an die Zähne bewaffnet mit Streitäxten, Lanzen, Schwertern und Schilden

CARL PETERS

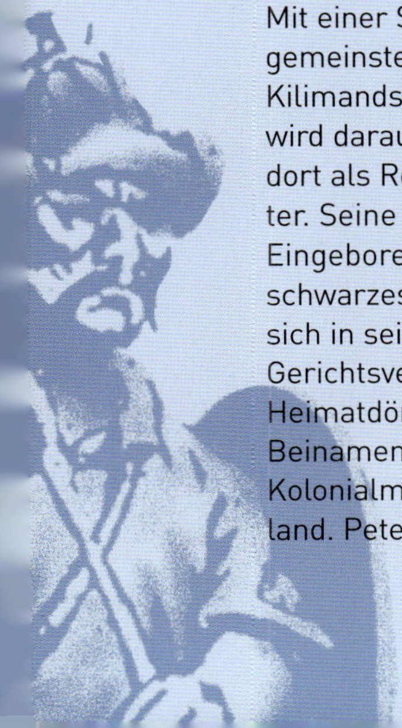

„Ich finde, dass diesen Völkern nur die männliche Energie und gegebenenfalls rücksichtslose Gewalt imponiert." So abfällig beschreibt der deutsche Eroberer Carl Peters (1856 - 1918) die Menschen in Ostafrika. Und so verhält er sich auch: Mit einer Söldnertruppe nimmt er eigenmächtig und auf gemeinste Weise ein riesiges Gebiet in der Nähe des Berges Kilimandscharo (im heutigen Tansania) in Besitz. Später wird daraus die Kolonie Deutsch-Ostafrika. Peters arbeitet dort als Reichskommissar, das ist so etwas wie ein Verwalter. Seine Herrschaft ist brutal: Willkürlich peitscht er Eingeborene aus, droht sie zu erschießen. Als sein schwarzes Dienstmädchen, mit der er ein Verhältnis hat, sich in seinen Diener verliebt, rastet Peters aus: Ohne Gerichtsverhandlung lässt er beide erhängen und ihre Heimatdörfer zerstören. Seine Gewalttat bringt ihm den Beinamen „Hängepeters" ein. Wenig später befiehlt das Kolonialministerium den Rassisten zurück nach Deutschland. Peters wird 1897 aus dem Dienst entlassen.

Für Geld mach

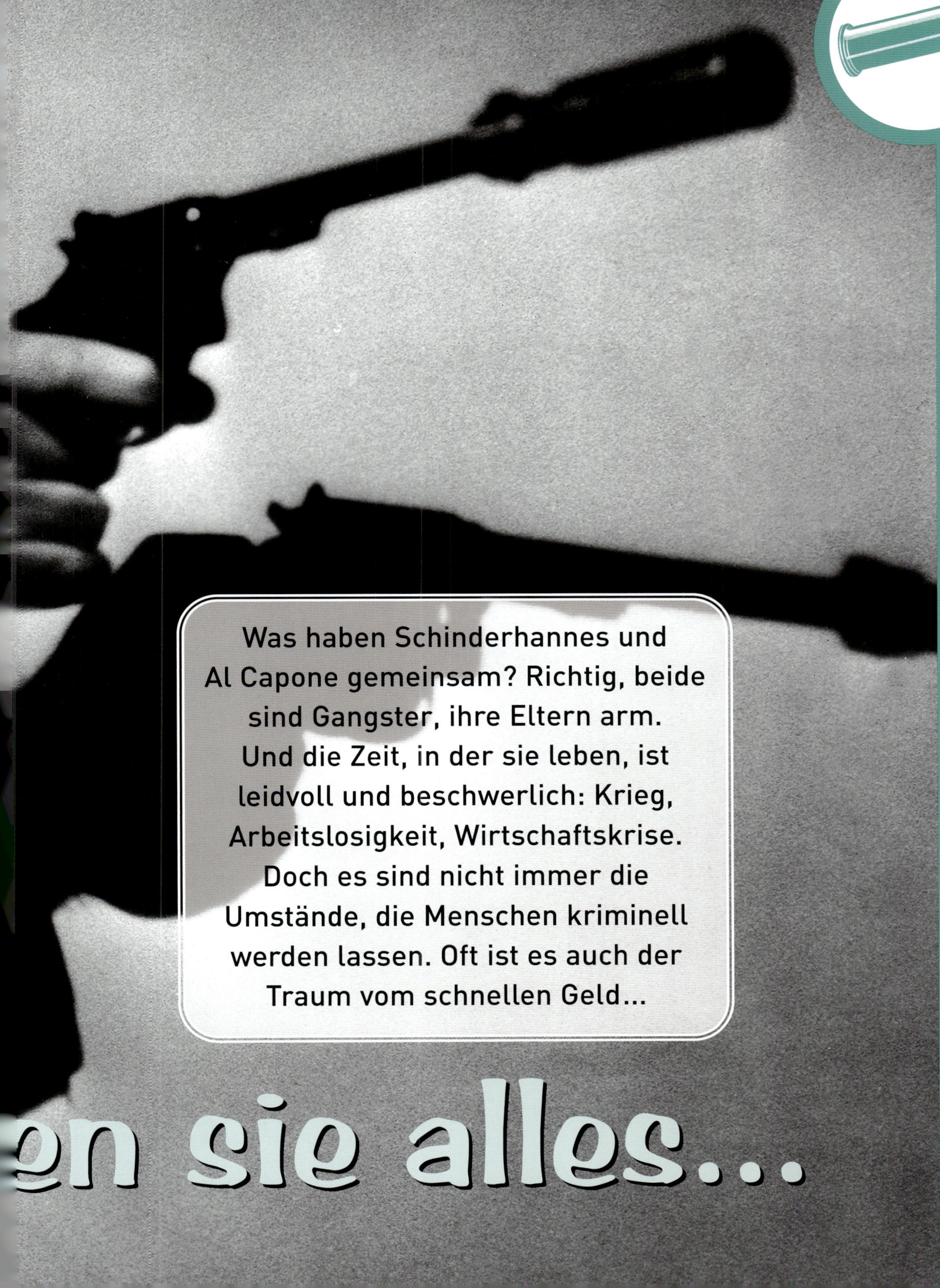

Was haben Schinderhannes und Al Capone gemeinsam? Richtig, beide sind Gangster, ihre Eltern arm. Und die Zeit, in der sie leben, ist leidvoll und beschwerlich: Krieg, Arbeitslosigkeit, Wirtschaftskrise. Doch es sind nicht immer die Umstände, die Menschen kriminell werden lassen. Oft ist es auch der Traum vom schnellen Geld...

en sie alles...

GANGSTER + GANOVEN

BONNIE & CLYDE

Ein Liebespaar auf Raubzug

Sie gelten als das berühmteste Liebes- und Gangsterpaar der Welt: Bonnie und Clyde. Sie rauben Banken aus, überfallen Läden und Tankstellen, klauen Autos und schießen auf alles, was sich ihnen in den Weg stellt. Doch ihr Traum von Freiheit und Reichtum währt nicht lange ...

Es ist Liebe auf den ersten Blick, als sich im Januar 1930 der ehemalige Häftling Clyde Barrow und die Kellnerin Bonnie Parker in Dallas in den USA begegnen. Um das hübsche Mädchen zu beeindrucken, überfällt Clyde einen Laden. Bonnie erliegt dem Charme des Räubers und wird seine Gangsterbraut. Clyde ist der Sohn eines armen Tankstellenpächters. Er hat sieben Geschwister, ist arbeitslos und wohnt in einem winzigen Zimmer. Es ist die Zeit der Weltwirtschaftskrise. Und die einzige Chance, zu Geld zu kommen, sieht er in Überfällen und Diebstählen.
Die romantische Bonnie, die Gedichte liebt, hat zwar einen Job, ist aber unzufrieden mit ihrem Leben. Sie sieht in Clyde den Prinzen, der sie aus einem Leben mit wenig Geld entführen kann. Als Clyde verhaftet

Sie lieben sich und kämpfen sich mit beispielloser Brutalität durchs Leben: Bonnie Parker (1910 – 1934) und Clyde Barrow (1909 – 1934)

Waffen und Autos sind es, die Clyde magisch anziehen. Seine Lieblings-automarke ist Ford. Er schreibt sogar einen begeisterten Brief an die Firma. Und Ford macht damit Werbung

wird, schmuggelt Bonnie ihrem Geliebten einen Revolver ins Gefängnis. Damit bricht Clyde aus, wird jedoch schnell wieder gefasst. Er kommt ins Zuchthaus. Um nicht auf den Baumwollfeldern arbeiten zu müssen, lässt er sich von einem Mithäftling zwei Zehen abschlagen. Nach seiner Entlassung setzt er seine kriminelle Laufbahn fort – jetzt gemeinsam mit Bonnie.

Sie schießen sich rücksichtslos den Weg frei

Clyde gründet mit anderen Ganoven eine Bande, die Barrow-Gang. Sie raubt Geschäfte und Tankstellen aus. Beim Überfall auf ein Juweliergeschäft gibt es den ersten Toten, es ist der Verkäufer. Zwei Monate später erschießen die Banditen zwei Polizisten, die ihre Papiere kontrollieren wollen. Die Gang flieht nach New Mexiko und versteckt sich auf einer Farm. Dort fällt dem Sheriff das verdächtige Auto auf, das vor dem Haus steht. Als er an der Tür klopft, überrumpeln die Gangster ihn und fliehen mit ihm als Geisel. In Texas lassen sie ihn unverletzt frei. Diese Aufsehen erregende Entführung macht die großen Zeitungen in Amerika auf die Bande aufmerksam. Bei ihren späteren Überfällen werden Bonnie und Clyde immer rücksichtsloser und brutaler. Auf der Flucht schießen sie sich rücksichtslos den Weg frei. 13 Menschen, darunter neun Sheriffs, haben sie auf dem Gewissen. Kein Wunder, dass die Polizei in ganz Amerika das Mörderpärchen hetzt.

Ein Sonderkommando lockt sie schließlich in einen Hinterhalt, wo sie im Kugelhagel der Maschinengewehre sterben. Damals und auch heute noch sind viele Menschen fasziniert von Bonnie und Clyde. Vom Schicksal zweier Menschen, die in einer ausweglos scheinenden Zeit versuchen, ihre Träume durch skrupellose Verbrechen zu verwirklichen.

Tod im Kugelhagel

Bonnie und Clyde sind mit ihrem gestohlenen Ford unterwegs, als sie am Straßenrand den Lieferwagen eines Freundes sehen. Offensichtlich hat er eine Panne. Dass es eine Falle ist, bemerkt Clyde zu spät. Die in den Büschen versteckten Polizisten eröffnen sofort das Feuer. Im Kugelhagel von 167 Schüssen verblutet das Gangsterpaar.

Gefährliches Spiel: Bonnie und Clyde albern mit einem Gewehr herum

JOHN DILLINGER

Amerikas frechster

Hunderte Menschen schauen zu, als ein Kamerateam in der Security National Bank von Sioux Fall einen Krimi über einen Bankraub dreht. Zu spät merken der Direktor und die Polizei, dass an den Dreharbeiten etwas faul ist.

Der gefilmte Bankraub ist allzu realistisch: Es ist einer von vielen außergewöhnlichen Tricks, mit denen John Dillinger im Jahre 1933 amerikanische Banken um viele tausend Dollar erleichtert. Kein anderer plant seine Überfälle so präzise wie der Gangster aus Indiana. Wie man so etwas macht, hat John Dillinger zuvor im Gefängnis gelernt. Neun Jahre muss er absitzen – als Strafe für einen misslungenen Überfall auf einen Händler. Aber das war nicht seine erste Straftat: mehrere Diebstähle hat der Halbwaise auf dem Kerbholz. Außerdem verließ er ohne Erlaubnis die Marine, womit er sich strafbar gemacht hat. Die erste Tat nach seiner Entlassung aus dem Gefängnis: ein Banküberfall.
Bei Frauen ist der gutaussehende Dillinger sehr beliebt. Der freche

Immer ein Lächeln auf den Lippen: Der gut aussehende John Dillinger (1903 – 1934) genießt bei Frauen besonders viel Wohlgefallen

Gangster

Bankräuber kennt seine Wirkung und nimmt sich bei seinen Überfällen die Zeit, mit weiblichen Bankangestellten und Kundinnen zu flirten. Erzählungen, nach denen er Geld an Arme und Bedürftige verschenkt, stimmen allerdings nicht. Schließlich ist er nicht Robin Hood, sondern ein geldgieriger Verbrecher.

Eine Frau wird ihm zum Verhängnis

Wenn er von seiner Beute abgibt, dann nur, um Polizisten und Gefängniswärter zu bestechen, damit seine Komplizen ungestört aus dem Gefängnis ausbrechen können. Er selbst landet oftmals hinter Gittern, bricht aber mehr als einmal wieder aus. Dabei kommen mehrere Wärter um. Dillingers Verbrechen werden immer dreister. Bei einem Überfall auf ein Waffenlager erbeutet er mehrere Maschinengewehre.

Als bei seinen Raubzügen erneut Polizisten erschossen werden, ist das Maß voll: Das FBI, die Bundespolizei in Amerika, schaltet sich ein und erklärt ihn zum Staatsfeind Nr. 1.

Zum Verhängnis wird ihm schließlich eine Frau. Sie verrät dem FBI, wo genau er sich gerade aufhält. Als er und seine Freundin am 22. Juli 1934 ein Kino verlassen, laufen sie dem FBI direkt in die Arme. Dillinger versucht, seine Pistole zu ziehen, wird aber von drei Kugeln tödlich getroffen.

GET·DILLINGER!
$15,000 Reward
A PROCLAMATION

WHEREAS, One John Dillinger stands charged officially with numerous felonies including murder in several states and his banditry and depredation stamp him as an outlaw, a fugitive from justice and a vicious menace to life and property;

NOW, THEREFORE, We, Paul McNutt, Governor of Indiana; George White, Governor of Ohio; F. B. Olson, Governor of Minnesota; William A. Comstock, Governor of Michigan; and Henry Horner, Governor of Illinois, do hereby proclaim and offer a reward of Five Thousand Dollars ($5,000.00) to be paid to the person or persons who apprehend and deliver the said John Dillinger into the custody of any sheriff of any of the above-mentioned states or his duly authorized agent.

THIS IS IN ADDITION TO THE $10,000.00 OFFERED BY THE FEDERAL GOVERNMENT FOR THE ARREST OF JOHN DILLINGER.

HERE IS HIS FINGERPRINT CLASSIFICATION and DESCRIPTION. —— FILE THIS FOR IDENTIFICATION PURPOSES.

John Dillinger, (w) age 30 yrs., 5-8½, 160½ lbs., gray eyes, med. chest, hair, med. comp., med. build. Dayton, O., P. D. No. 10587. O. S. B. No. 559-646.

F.P.C. (12) M 9 R O O / S 14 U OO 8

FRONT VIEW

SIDE VIEW

Be on the lookout for this desperado. He is heavily armed and usually is protected with bullet-proof vest. Take no unnecessary chances in getting this man. He is thoroughly prepared to shoot his way out of any situation.

GET HIM
DEAD
OR ALIVE

Notify any Sheriff or Chief of Police of Indiana, Ohio, Minnesota, Michigan, Illinois.

or THIS BUREAU

ILLINOIS STATE BUREAU OF CRIMINAL IDENTIFICATION AND INVESTIGATION
T. P. Sullivan, Supt.
Springfield, Illinois

Heimliche Sympathie

Als Dillinger Anfang der dreißiger Jahre des 20. Jahrhunderts Banken ausraubt, geht es vielen Menschen nicht gut. Die Wirtschaft Amerikas steckt in einer tiefen Krise. Viele Amerikaner, vor allem Farmer, verarmen und verlieren ihren Besitz an die Banken, weil sie die Kredite nicht zurückzahlen können. Deshalb haben viele Menschen nichts dagegen, dass Dillinger Banken ausraubt. Innerhalb eines Jahres überfällt er fast 20 Geldinstitute. Kein Wunder, dass der Staat 15000 Dollar Kopfgeld auf ihn aussetzt.

Feier mit vielen Freunden: Zu seinen Partys lädt John Dillinger (ganz rechts) gerne Vertreter der Polizei und der Justiz ein – eine geschickte Form der Bestechung

AL CAPONE

Groß, bullig und brutal

An seiner rechten Hand glitzert ein kostbarer Diamantring. Er trägt teure Maßanzüge mit einer Geheimtasche, in der immer ein Revolver steckt. Al Capone, Killer und Geschäftsmann. Der wohl gerissenste und erfolgreichste Gangsterboss aller Zeiten.

Gangster mit zwei Gesichtern: Al Capone (1899 – 1947) ist verantwortlich für Mord, Raub, Schmuggel und Bestechung. Auf der anderen Seite richtet er Suppenküchen für Arme ein, spendiert rauschende Feste – und ist lange Zeit der Liebling der Zeitungen in Chicago

Seine Eltern sind italienische Einwanderer aus Neapel. Er hat neun Geschwister. Sein Vater, ein Friseur in New York, hat Mühe, alle satt zu bekommen. Mit 14 muss Al eigenes Geld verdienen. Er arbeitet als Verkäufer, Kegeljunge und Aushilfe. Da die Jobs nicht viel einbringen, wird er erst Rausschmeißer in einer Bar, später Schutzgelderpresser. Al ist groß, bullig und er hat schnelle Fäuste. Bei einer Schlägerei verpasst ihm ein Gast mit dem Messer die berühmte Narbe auf der linken Wange. Daher sein Spitzname Scarface (Narbengesicht).
Als ihm das Pflaster in New York zu heiß wird, zieht er nach Chicago. Dort steigt er in den Schmuggel von Alkohol ein. Der ist damals verboten. Aber die Menschen wollen trotzdem Bier und Whiskey trinken. Al Capones straff organisierte Bande verkauft daher heimlich Alkohol. Der kaltblütige Gangster setzt sich gnadenlos gegen andere Banden durch. Seine Gegner lässt er umbringen. Er selber wird nie wegen Mordes angeklagt. Seine üblen Methoden: Morddrohung gegen mögliche Zeugen und Bestechung.
Die andere Seite des skrupellosen Machtmenschen: Er lässt Suppenküchen für Arbeitslose einrichten und bezahlt die Arztrechnungen, wenn bei Schießereien Unschuldige verletzt werden. Bei vielen Menschen ist er beliebt. Doch als Gangster sich als Polizisten tarnen und ein Blutbad an einer anderen Bande anrichten, kippt die Stimmung. Der Massenmord wird Capone in die Schuhe geschoben. Sein Einfluss sinkt und die Behörden wagen es, ihn zu verhaften. Wegen Steuerhinterziehung muss er elf Jahre hinter Gitter. Nach seiner Entlassung erkrankt er schwer und stirbt zurückgezogen in Florida.

Capones Zelle im Gefängnis Alcatraz: Elf Jahre soll er wegen Steuerhinterziehung absitzen, kommt aber nach sieben Jahren frei. Wegen guter Führung, jedoch schwer krank

SCHINDERHANNES

Der deutsche Robin Hood?

Vom Tagelöhner zum berühmten Räuber: Johannes Bückler, genannt Schinderhannes, raubt, erpresst und mordet. Trotzdem hat er den Ruf eines edlen Räubers

Johannes Bückler (1779 – 1803) mit seiner Ehefrau und ihrem Baby. Julchen Bückler bringt das Kind im Gefängnis zur Welt

Johannes ist der Sohn eines Schinders. Das sind Tagelöhner, die sich um die Beseitigung von Tierkadavern kümmern. Eine Arbeit, von der man kaum leben kann. Mit 16 wird Johannes beim Diebstahl einiger Viehhäute erwischt. Seine Strafe: 25 Stockhiebe. Fortan gerät Johannes auf die schiefe Bahn, klaut mit einem Kumpel Schafe, Stoffballen und Pferde. Zweimal wird er festgenommen und eingekerkert, zweimal gelingt ihm auf abenteuerliche Weise die Flucht. Das steigert sein Ansehen in der Unterwelt. Er scharrt eine kleine Bande um sich. Weil er als einziger etwas lesen und schreiben kann, erkennen ihn seine Kumpane als Räuberhauptmann an. Die Bande überfällt in der Gegend zwischen Saarbrücken und Mainz reiche Reisende, wohlhabende Bauern und Handwerker. Eine weitere Methode: Erpressungen und Drohbriefe. Mindestens drei Menschen haben die Banditen auf dem Gewissen. Trotzdem entsteht die Sage vom edlen Schinderhannes. Er feiert gern üppige Feste, bei denen er sehr freigiebig ist. Und er narrt oft die Behörden. Dass er die Reichen beraubt und den Armen etwas abgibt, stimmt aber nicht. Die Bande teilt ihre Beute mit vielen Menschen, die ihnen heimlich helfen. Außerdem liebt er teure Kleider und lebt gerne herrschaftlich.

Er gesteht alles und verrät seine Komplizen

Ein früherer Komplize verpfeift schließlich den Räuberhauptmann, der per Steckbrief gesucht wird. Er kommt in Mainz ins Gefängnis. Überraschenderweise gesteht er alle seine Raubtaten und verrät seine Komplizen. Er glaubt, dass er dadurch begnadigt wird. Ein Fehler. Es gibt keine Milderung für ihn. Tausende Schaulustige sehen zu, als der Räuber und seine Gefolgsleute geköpft werden.

Schinderhannes auf der Lauer: So wie auf diesem Bild überfallen der Räuberhauptmann und seine Bande Kutschen in den Wäldern des Hunsrücks

HANNIKEL

Es klopft eines Nachts an der Haustür eines reichen Geldverleihers in einer schwäbischen Kleinstadt. Schlaftrunken öffnet der Hausherr. Plötzlich hält ihm der Räuber Hannikel eine Flinte unter die Nase und dringt ins Haus ein. Mit ihm gleich mehrere furchterregende Kumpane. Die Räuber klauen alles, was sie tragen können: Schmuck, Geld, sogar das Bettzeug und die teuren Kleider der Hausherrin. Wieder ein Überfall der Hannikel-Bande, die Ende des 18. Jahrhunderts den Südwesten Deutschlands und die Schweiz in Angst versetzt. Hannikel (1742 – 1787) heißt eigentlich Jakob Reinhard. Er gehört den Sinti und Roma an, einer Volksgruppe, die von vielen Menschen als fremd angesehen wird. Angehörige dieses Volkes haben es schwer, damals wie heute. Sie finden kaum Arbeit, haben keine feste Wohnung und reisen lieber herum, als an einem Ort zu bleiben. Immer wieder gelingt es Hannikel, der Polizei zu entkommen – oft, weil er sich raffiniert verkleidet. Als bei einem der Überfälle ein Soldat ermordet wird, beginnt die Jagd auf Hannikel. Sein hartnäckigster Verfolger ist Oberamtmann Schäffer aus Sulz am Neckar. Der Polizist hat das Leben Hannikels genau untersucht und alle Taten aufgelistet, so weit das damals möglich ist. Nach wochenlanger Flucht wird Hannikel in der Schweiz gefangen. Schäffer persönlich holt ihn ab, bringt ihn nach Sulz. Dort wird Hannikel zum Tode verurteilt und gehängt.

THOMAS BLOOD

Der Raub ist raffiniert vorbereitet. Thomas Blood (1618-1680), ein ehemaliger Oberst der britischen Armee, verkleidet sich als Geistlicher und freundet sich mit dem Verwalter der Kronjuwelen an. Der schöpft keinen Verdacht, als Blood ihn eines Tages bittet, ihm die kostbaren Schmuckstücke zu zeigen. Arglos nimmt er ihn mit in den Tower und öffnet die schweren Türen zur Schatzkammer. Da zieht Blood einen Holzhammer unter seinem Gewand hervor und schlägt den Verwalter nieder. In Windeseile schnappt er sich die goldene Krone und den Reichsapfel und will fliehen. Aber gerade in diesem Moment taucht der Sohn des Verwalters auf und ruft die Wachen. Blood wird festgenommen und zum König geschleppt. Charles II. verzeiht Blood überraschend und schenkt ihm das Leben wegen seiner Verdienste in der Armee. Es existiert das Gerücht, dass der König selber hinter dem gescheiterten Diebstahl steckt, weil er in Geldnöten war.

Wahrzeichen und Schatzkammer: der Londoner Tower. Die Kronjuwelen Edwards II. sind heute mehrere Millionen Euro wert

SCHWARZER PETER

Kinder können es stundenlang spielen: Schwarzer Peter. Wenige wissen, dass es den Schwarzen Peter wirklich gegeben hat. Und dass er es war, der das berühmte Kartenspiel erfunden hat. Im Gefängnis. Der Schwarze Peter war ein Räuber und hieß mit vollem Namen Johann Peter Petri.
Vieles an Peter, der 1752 geboren wurde, ist schwarz: Seine Haare, sein Bart – und auch seine Haut. Denn bevor er Räuber wird, arbeitet er als Köhler und stellt Holzkohle her. Dieser Beruf bringt jedoch nicht viel ein. Deshalb geht Peter zu den Räubern. Er wird ein Kumpel des berühmten Schinderhannes und geht zeitweise mit ihm auf Raubzug. Während Schinderhannes geköpft wird, hat Peter mehr Glück. Er kommt 1812 in Paris ins Gefängnis. Dort spielt er mit anderen Gefangenen Karten, vermutlich aus Langeweile. Wann der echte Schwarze Peter für immer einschläft, ist nicht bekannt. Überliefert ist nur, dass er im Gefängnis stirbt und das Kartenspiel, den Schwarzen Peter, unsterblich gemacht hat.

CARL WALLMANN

Nichts ist ihm heilig: Der norddeutsche Räuber Carl Wallmann bestiehlt Kirchen und Klöster und steigt sogar in das Grab eines preußischen Generalfeldmarschalls ein. Besser bekannt ist er jedoch unter dem Namen Rose. So hieß seine Mutter mit Nachnamen. Carl wird 1816 unehelich geboren, damals ein Riesennachteil. Er hat deshalb nie die Chance, einen ordentlichen Beruf zu lernen und kaum Geld zum Überleben. Als er sieht, dass andere viel mehr Geld haben, beschließt er, ihnen etwas wegzunehmen. Er gründet eine Bande, die im Helmstedter Raum unterwegs ist. Weil er auch Haus und Hof armer Leute nicht verschont, ist es kein Wunder, dass Rose bald den Behörden verraten wird. Zudem gibt es 100 Taler als Belohnung. Beim Prozess gesteht er freimütig seine Diebstähle. Trotzdem wird er zu 15 Jahren Gefängnis verurteilt. Aber Rose hat Glück. Drei Jahre später erlässt ihm der Herzog von Braunschweig die Strafe. Dafür soll Rose Deutschland für immer verlassen. So kommt der Räuberhauptmann nach Amerika. Dort verliert sich seine Spur.

KLOSTERMAYR

Im Morgengrauen schleicht ein Mann durch den bayerischen Wald. Auf einer Lichtung grasen Rehe und ein prächtiger Hirsch. Der Mann schaut sich prüfend um, dann legt er sein Gewehr an. Rumms. Ein Schuss, ein Treffer. Matthias Klostermayr (1736 -1771) trifft immer. Sehr zum Ärger der adligen Waldbesitzer, der Förster und Jäger, aber sehr zur Freude vieler armer Bauern. Die finden es gut, dass Matthias Hasen, Wildschweine und Rehe erlegt. Denn die zertrampeln ihre mühselig angelegten Felder und fressen sie ab. Klostermayr, genannt „bayerischer Hiasl", ist ein Wilderer. Weil er so gut schießen kann, hat das Kloster Mergenthau einst den Sohn eines armen Viehhirten als Jagdgehilfen aufgenommen. Als Matthias jedoch einen Pater beleidigt, wird er vor die Tür gesetzt. Er kommt bei einem Bauern unter und beginnt heimlich zu wildern. Bald muss er den Hof verlassen. Er lebt fortan im Wald und hat eine zeitweise 20 Mann große Bande. Weil die Männer aber nicht nur wildern, sondern auch Amtsstuben ausrauben, werden sie steckbrieflich verfolgt und schließlich gefangen. Räuberhauptmann Klostermayr erhält eine grausame Strafe: Er wird erdrosselt und gevierteilt.

Die Geächteten der Meere

Der verfluchte Seeräuber Barbarossa und der kauzige Kapitän Jack Sparrow: Die Piratenabenteuer im Film „Fluch der Karibik" sind zwar wunderbar, haben aber mit der Wirklichkeit des Piratenlebens wenig zu tun. Piraten sind Geächtete der Meere – Banditen, die plündern und morden. Viele sind gierig nach Gold. Andere sehen die Seeräuberei als letztes Mittel zur Flucht in ein besseres Leben.

EDWARD TEACH

Feuerteufel in der Karibik

Kein anderer ist so furchterregend wie er. Edward Teach, der wegen seines schwarzen Bartes Blackbeard genannt wird, braucht sich nur an Bord seines Piratenschiffes zu zeigen, schon gibt so mancher Kapitän sein Handelsschiff freiwillig her.

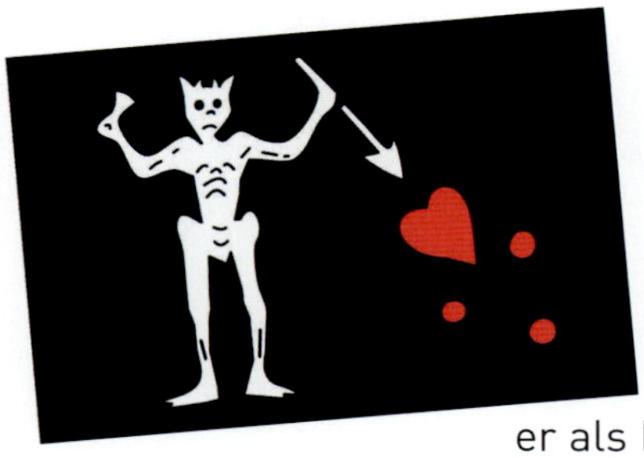

Showman: Edward Teach zeigt sich gern bewaffnet mit mehreren Dolchen, Pistolen und Patronengurten. In den geflochtenen Zotteln seines schwarzen Bartes hängen glimmende Lunten.
Oben: seine Piratenflagge

Vermutlich erblickt Edward Teach 1675 in der britischen Hafenstadt Bristol das Licht der Welt.
Das Piratenhandwerk erlernt er als Matrose an Bord eines englischen Kaperschiffs in Jamaika. Es ist eines der Freibeuterschiffe, die einen Kaperbrief besitzen, also im Namen der britischen Krone feindliche Schiffe kapern und ausrauben sollen. Beute macht dieses Schiff reichlich und Teach stellt sich so geschickt an, dass er nach kurzer Zeit zum Kapitän ernannt wird.
Teach hat buchstäblich Blut geleckt. Mit seinem gekaperten und mit 40 Kanonen bewaffneten Flaggschiff versetzt er die Karibik und die Ostküste Amerikas in Angst und Schrecken. Auch seine Mannschaft, die er sehr freigiebig mit Rum versorgt, fürchtet das unberechenbare und launische Raubein. Um seine Crew zum unbedingten Gehorsam zu zwingen, schließt er einige seiner Männer in den Laderaum ein und lässt brennenden Schwefel hineinbringen. Oft schießt er wahllos und volltrunken auf seine eigenen Leute.
Teach raubt sich als Pirat eine goldene Nase. Sein Erfolg hängt auch mit der zwielichtigen Rolle manch hoher Beamter an Land zusammen. Denn einige bekommen von Blackbeards Beute etwas ab.

Kriegsschiffe machen Jagd auf ihn

Fast hätte Blackbeard sein Piratenleben an den Nagel gehängt, als er die 16-jährige Tochter eines Plantagenbesitzers heiratet. Doch schnell langweilt er sich als Ehemann. Nach nur zwei Monaten „überlässt" er seine Frau einem Kumpanen, nimmt sein früheres Piratenhandwerk wieder auf und wütet schlimmer denn je.
Sein Piratennest hat er im amerikanischen North Carolina, was dem Nachbarstaat Virginia mit seinen reichen Kaufleuten überhaupt nicht gefällt. Dessen Gouverneur setzt

Blackbeards letztes Gefecht: Obwohl schwer verwundet, kämpft der Pirat erbittert weiter – hier im Duell mit seinem Widersacher Oberleutnant Maynard

Prämien für die Ergreifung der Seeräuber aus. Allein für Blackbeard 100 Pfund – viel Geld damals. Der englische Oberleutnant Robert Maynard ist es, der Blackbeards Treiben ein Ende bereitet. Mit zwei Kriegsschiffen nähert er sich im November 1718 im Morgengrauen dem Schlupfwinkel der Piraten. Die sind noch immer betrunken vom nächtlichen Gelage. Es kommt nun zu einem blutigen Kampf. Blackbeard wird angeblich von fünf Pistolenkugeln getroffen und blutet aus zwanzig Stichwunden. Trotzdem kämpft der sterbende Pirat weiter wie ein in die Enge getriebenes Raubtier, bis er schließlich vom Blutverlust geschwächt auf dem Deck zusammenbricht. Maynard lässt Blackbeards Kopf abschlagen und vorne an seinem eigenen Schiff aufspießen.

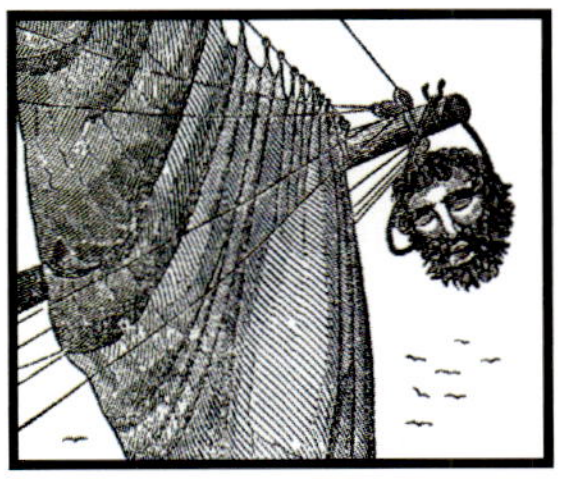

Warum er einmal auf Beute verzichtet

Mai 1718: Blackbeard kapert im Hafen von Charleston (South Carolina) mehrere Schiffe. An Bord: wertvolle Waren und reiche Passagiere. Aber Blackbeard will kein Lösegeld, sondern Medizin für sich und seine Piraten, im Austausch für die Gefangenen. Grund: alle Piraten sind schwerkrank. Der Verwalter von Charleston willigt ein und rettet so Geiseln wie Piraten das Leben.

ANNE BONNY & MARY READ

Sie kämpfen wie Männer

Bärtige, ungewaschene Männer mit Augenklappe, Pistolen und Säbel. So stellen wir uns Piraten vor. Aber es gibt auch Frauen unter ihnen. Anne Bonny und Mary Read sind die berühmtesten. Und sie sind nicht weniger brutal als ihre männlichen Kollegen.

Die temperamentvolle Anne ist die Tochter eines Plantagenbesitzers in North Carolina. Weil das Landleben ihr zu langweilig ist, brennt sie mit James Bonny, einem Matrosen, durch und heiratet ihn. Ihr Vater enterbt sie. Angeblich hat Anne daraufhin seine Plantage abgebrannt. Mit ihrem Ehemann flüchtet sie auf die Bahamas – damals ein Piratennest. Hier verliebt sie sich in Calico Jack Rackham, der die Piratenflagge Jolly Roger erfunden haben soll. Sie verlässt ihren Ehe-

Schmucke Kleidung, raues Wesen: Calico Jack und seine Piratenflagge Jolly Roger

mann und heuert auf Jacks Schiff an. Damit sie nicht erkannt wird, zieht die schlaue Anne Männerkleidung an. Das fällt anfangs nicht auf, da auch Männer damals lange Haare und weite Hemden tragen. Doch sie wird entdeckt. Den Piraten, der darüber schimpft, dass eine Frau an Bord ist, bringt Anne angeblich mit einem Messer um. Sie gilt fortan als furchtlose Kämpferin.
Zu dieser Zeit segelt in der gleichen Gegend eine andere Frau umher: Mary Read (1685 - 1721). Sie ist fünf Jahre älter als Anne, kommt aus London und hat die gleiche Leidenschaft für Männerkleider. Sie hat schon als Soldat in Flandern gekämpft und als Matrose gedient, erst auf einem Kriegsschiff, später auf einem Handelsschiff. Ausgerechnet das Piratenschiff Calico Jacks kapert das Handelsschiff, auf dem Mary arbeitet. Die Piraten zwingen die besiegte Mannschaft, sich ihnen anzuschließen. Der attraktive Mann, der unter ihnen ist, fällt der Piratin Anne sofort auf. Als sie ihm näher kommen will, erschrickt sie: Der Mann ist in Wahrheit eine Frau. Schnell werden Anne und Mary Freundinnen.

Anne Bonny (ganz links) versteht es meisterhaft, mit Säbel und Messer umzugehen. Eigentlich sind Frauen auf Piratenschiffen verboten. Aber Anne und Mary erweisen sich als geschickte Kämpferinnen und werden schnell anerkannt

Beim Entern ist keiner mutiger als sie

Bald sind die beiden Frauen in der ganzen Karibik berühmt und gefürchtet. „Niemand war mutiger beim Entern von Schiffen", schreibt 1724 Captain Johnson in seinem Buch über Piraten. Den Behörden und den Handelsgesellschaften sind die berüchtigten Frauen ein Dorn im Auge. Sie jagen sie mit allen Mitteln. 1720 ist es soweit: Jacks Crew ankert vor Jamaika und feiert dort eine erfolgreiche Kaperfahrt. Der Gouverneur erfährt davon und wittert seine Chance.
Er schickt ein bewaffnetes Schiff. Nur Anne und Mary sind noch fähig, den Soldaten Widerstand zu leisten. Die anderen Piraten liegen im Vollrausch unter Deck. Die Frauen kämpfen erbittert, beschimpfen die betrunkenen Piraten, aber sie haben keine Chance. Einige Piraten sterben, die anderen werden gefangen genommen und vor Gericht gestellt.

Beinahe enden die Piratinnen am Galgen

Das Admiralitätsgericht verurteilt die Piraten zum Tode, auch die beiden Frauen. Als erstes wird Jack zum Galgen geführt. Das Gericht erlaubt ihm, sich von Anne zu verabschieden. Doch sie spuckt vor dem Geliebten aus und sagt voller Verachtung: „Hättest du gekämpft wie ein Mann, würdest du jetzt nicht gehängt wie ein Hund." Dann sorgen Anne und Mary für eine Überraschung. Beide verkünden:

„Habt Gnade mit uns, wir sind schwanger." Weil das Gericht das Leben eines ungeborenen Kindes nicht beenden darf, hebt es das Todesurteil auf. Beide Frauen kommen ins Gefängnis. Mary stirbt dort kurz darauf an Fieber. Über Annes Schicksal gibt es nur Gerüchte. Sie verschwindet auf geheimnisvolle Weise aus dem Gefängnis ...

KLAUS STÖRTEBEKER

Freibeuter der Ostsee

Keiner ist so trinkfest wie er. Einen Vier-Liter Bierhumpen stürzt er in einem Zug runter – ohne abzusetzen. Kein Wunder, dass die Piraten ihrem Kapitän den Namen Störtebeker geben. Das ist plattdeutsch und bedeutet „stürz den Becher".

Entscheidungsschlacht vor Helgoland: Ein Verräter hat zuvor angeblich Blei in das Ruder von Störtebekers Schiff gegossen

Seeräuber Klaus Störtebeker (1360 – 1401): Für die arme Bevölkerung ist er ein Held, weil er von den Reichen nimmt und angeblich den Armen von der Beute gibt. Bei seiner Hinrichtung soll er ohne Kopf an sieben seiner Kumpane vorbei gelaufen sein, um sie vor der Enthauptung zu retten

Wo Klaus Störtebeker etwa um 1360 geboren wird, ist unklar. Manche meinen in Rotenburg, andere nehmen an in Wismar. Wahrscheinlich ist er der Sohn eines leibeigenen Bauern, und es ist ihm gelungen, seinem Gutsherren zu entfliehen. In Wismar wird der ungestüme Junge wegen einer Schlägerei ausgewiesen. Chancen auf ein normales Leben hat einer wie er kaum. Freiheit und Abenteuer bietet damals nur das Leben auf See – als Pirat. Störtebeker, als Draufgänger gefürchtet, steigt schnell zum Anführer auf. Zunächst plündert er sogar mit staatlicher Erlaubnis: Im Auftrag des mecklenburgischen Herzogs Albrecht, der auch König von Schweden ist, greift er die Schiffe der dänischen Königin Margrete an. Als die Dänen Stockholm belagern, sind es die Piraten, die die Stadt mit Lebensmitteln (Viktualien oder Vitalien genannt) versorgen. Deshalb heißen Seeräuber auch manchmal Vitalienbrüder. Erst später kapert Störtebeker die reich beladenen Schiffe der Hanse.

Gefangene schmeißen sie über Bord

Die Hanse ist damals ein florierender Handelsbund, zu dem Städte wie Hamburg, Bremen, Wismar und Rostock gehören. Mit der Besatzung der gekaperten Schiffe und den Kaufleuten machen die Piraten kurzen Prozess. Ohne Erbarmen schmeißen sie Gefangene über Bord. Aber die Hanse wehrt sich, bewaffnet ihre Schiffe und schickt schließlich eine Flotte aus. Vor Helgoland kommt es 1401 zur entscheidenden Schlacht. Die Seeräuber verlieren. Störtebeker und seine Kumpane werden in Hamburg enthauptet.

WILLIAM KIDD

Pirat wider Willen

Er ist der Pechvogel unter den Seeräubern, ein Pirat wider Willen: William Kidd. 40 Jahre lang ist er ein angesehener Kapitän. Er hat eine schöne Frau und besitzt wertvolle Häuser in New York ...

Kidd als furchterregender Pirat: Seine Leiche hängt zwei Jahre lang in einem Käfig über der Themse – zur Abschreckung

Das Gerücht um den Piratenschatz

Auf einer Insel vor New York vergräbt William Kidd (1645 - 1701) Kisten mit Gold und Juwelen. Später entsteht daraus das Gerücht von der Schatzinsel William Kidds. Aber in Wahrheit findet der Eigentümer der Insel die Beute und übergibt sie dem Statthalter von New York. Der Schatz wird versteigert, der Erlös geht an ein Krankenhaus in London.

Aber irgendwie vermisst William das Meer und das Abenteuer. Er erhält von der englischen Regierung den Auftrag, Jagd auf Piraten und französische Schiffe zu machen. Es läuft jedoch nicht so, wie es sich Kidd vorgestellt hat. Tagelang kommt auf dem indischen Ozean kein Franzose in Sicht und ein Piratenschiff auch nicht. Inzwischen sind die Nahrungsmittel an Bord verdorben. Die Mannschaft ist unruhig, die Stimmung gereizt. Zu allem Überfluss verspottet ein Seemann den Kapitän. William, der ein aufbrausendes Temperament hat, erschlägt den Mann. Tage später sichten die Piraten ein Handelsschiff mit einer französischen Flagge am Mast. Kidd kapert es. Pech für ihn: Es ist in Wahrheit ein englisches Schiff, das aus Indien kommt. Und es ist reich beladen mit Gold, Seide, Juwelen. Kidds Crew ist glücklich. Endlich Beute. Angeblich versucht Kidd, die Mannschaft zu bewegen, das gekaperte Schiff dem Kapitän zurückzugeben. Aber die Crew weigert sich. Kidd ist zum Seeräuber wider Willen geworden. Es kommt noch schlimmer: Wochen später trifft er auf ein echtes Piratenschiff. Er befiehlt den Angriff. Doch statt zu gehorchen, läuft fast seine gesamte Mannschaft zu den Piraten über. Entnervt beschließt Kidd nach New York zurückzukehren und dort seine Unschuld zu beweisen. Doch inzwischen gilt er als geächteter Seeräuber. Bei seiner Ankunft wird er verhaftet und in Ketten nach London geschickt. Dort wird Kidd zum Tode durch den Strick verurteilt.

Kein Glück mit dem Vergraben: Kidd kommt nie wieder an seinen Schatz. Er wird gefangen genommen, verurteilt und gehängt

FREIBEUTER & BUKANIERE

Ein **Pirat** ist jemand, der auf See raubt und plündert. Ein **Freibeuter** ist auch ein Pirat, aber er raubt und plündert mit staatlicher Genehmigung. Das ist ein Trick, den Regierungen etwa vom 12. bis zum 18. Jahrhundert anwenden, um Kosten für den Bau einer eigenen Flotte zu sparen. In Kriegszeiten erhalten die Freibeuter Kaperbriefe, die es ihnen erlauben, feindliche Schiffe zu überfallen und auszurauben. Im Gegenzug muss der Kaperkapitän einen Teil der Beute an den Staat abführen. Meistens geben die Freibeuter ihr Handwerk nicht auf und kapern einfach weiter, auch wenn sie ihren Auftrag beendet haben, und werden so zu echten Piraten.

Bukaniere sind ursprünglich französische Jäger auf der Insel Hispaniola. Sie rösten erbeutetes Fleisch über Holzfeuern, den sogenannten boucans. Das bedeutet Räucherhaus. Daher der Name Bukanier. Zu ihnen gesellen sich entflohene Sklaven, ehemalige Matrosen und Freibeuter aus vielen Ländern. Neben der Jagd beginnen sie, spanische Schiffe zu kapern. Tortuga, eine Insel vor Hispaniola, entwickelt sich zu einem berüchtigten Piratennest. Ein zweiter Stützpunkt, vor allem englischer Piraten, wird später Port Mary auf Jamaika. Der Begriff Bukanier hat sich schließlich für alle Piraten eingebürgert, die im 17. Jahrhundert die Karibik unsicher machen.

FRANCOIS L'OLLONNAIS

„Er pflegte jeden, den er gefoltert hatte, mit seinem Dolch in Stücke zu schneiden und ihm die Zunge herauszureißen." So beschreibt der Holländer Esquemelin den wohl grausamsten unter den Piraten: Francois l'Ollonnais (1635 - 1667).
Der Franzose versammelt ein Heer von etwa 700 gewalttätigen Männern um sich. Sein Ziel: die damals reichen spanischen Siedlungen an der Nordküste Südamerikas erobern. Eine grausame Truppe, die vergewaltigt, plündert und mordet. In Gibraltar erpresst der Pirat ein so hohes Lösegeld, dass die Stadt, zuvor ein bedeutendes Handelszentrum, fast aufhört zu bestehen. Aber der raffgierige Pirat kriegt immer noch nicht genug. Er hat es jetzt aufs reiche Mittelamerika abgesehen.
Im Golf von Honduras läuft sein Schiff auf eine Sandbank. Er beschließt, mit seinen Männern zu Fuß weiter zu marschieren, gerät aber in einen Hinterhalt der Indianer.
Die Einheimischen töten alle Piraten. L'Ollonnais reißen sie bei lebendigem Leib in Stücke und verbrennen ihn. Seine Asche zerstreuen sie in alle Winde, damit er nie wiederkehrt.

CHENG I SAO

Die chinesische Witwe Cheng I Sao (1785 –1844) befiehlt Anfang des 19. Jahrhunderts eine Flotte von ungefähr 200 Dschunken und 50000 Piraten. Die Oberpiratin stellt unglaublich strenge Regeln auf. Wer zum Beispiel ihre Anweisungen nicht befolgt, wird ohne Erbarmen geköpft. Und Vergewaltigungen sind verboten. Strafe: Auspeitschung oder Vierteilung. Städte, Märkte und Reisfelder an den Küsten des südchinesischen Meeres sind schutzlos den Raubzügen und Lösegeld-Erpressungen der Seeräuber ausgesetzt. Gegen den Piratenbund hat selbst die Flotte des Kaisers keine Chance. Schließlich macht die Regierung den Piraten ein erstaunliches Angebot: wenn sie sich freiwillig ergeben, werden sie nicht bestraft. Sie dürfen sogar den größten Teil der geraubten Schätze behalten. Wohl vom langen Kämpfen müde, geht Cheng darauf ein und eröffnet in Kanton ein Glücksspielhaus.

SIR HENRY MORGAN

Er ist der einzige Pirat, der für seine blutigen Taten sogar geadelt wird: Sir Henry Morgan (1635 – 1688). Und er ist das Vorbild für Captain Sparrow, dem Kinohelden aus dem Film „Fluch der Karibik". Merkwürdigerweise hat der Engländer die wenigsten seiner Schlachten auf See gewonnen. Einige Forscher behaupten, dass er ein miserabler Seemann gewesen sei, weil er drei seiner Schiffe durch Navigationsfehler auf Grund gesetzt hat.

Fest steht, dass er ein gerissener Stratege ist, der als Anführer einer großen und schlagkräftigen Freibeuter- und Piratentruppe zahlreiche militärische Erfolge hat. Seine Gier nach Gold ist unermesslich, vor Folter schreckt er nicht zurück. Er lässt Menschen auf die Streckbank spannen, um herauszubekommen, wo sie ihre Schätze versteckt haben. Morgan und seine Männer erobern eine spanische Stadt nach der anderen, unter anderem Panama, damals die reichste Stadt im spanischen Amerika. Aber das Rad der Geschichte dreht sich. Spanien und England schließen Frieden. Morgan wird erst verhaftet, dann begnadigt und sogar zum Ritter geschlagen. Sein Land braucht ihn, denn die Beziehungen zwischen England und Spanien haben sich wieder verschlechtert. Als Vizegouverneur kehrt er nach Jamaika zurück. Dort soll er seinen früheren Kampfgefährten das Handwerk legen, was er nur halbherzig tut. Schließlich verliert er wegen Trunksucht und Untreue sein Amt.

ATTENTÄTER

Gewissenlose

Killer

Mordanschläge kommen wie der Blitz aus heiterem Himmel. Das macht sie so unberechenbar und gefährlich. Manche Attentäter sind einfach nur krank. Aber die meisten Anschläge sind politisch begründet. Das heißt, die Täter sehen Mord als Dienst an einer höheren Sache an. Was sind das für Menschen, die solch entsetzliche Taten begehen? Was treibt sie dazu an?

GAVRILO PRINCIP

Attentäter

Irrtümlich biegt der Fahrer des Thronfolgers an einer Brücke in Sarajewo falsch ab und muss anhalten. Gavrilo Princip erkennt sofort seine Chance. Er zieht eine Pistole: Tödliche Schüsse fallen, mit verheerenden Folgen...

mit glühendem Hass

Wer ist dieser junge Mann, der das Attentat auf Franz Ferdinand von Österreich und seine Frau Sophie ausübt? Gavrilo Princip, ein bosnischer Serbe mit einem glühenden Hass auf Österreich-Ungarn. Anfang des 20. Jahrhunderts ist Österreich ein mächtiges Land und herrscht über weite Gebiete in Südosteuropa. Aber die Menschen dort auf dem Balkan wollen nicht mehr, dass sie eine fremde Macht regiert. Einer von ihnen ist Gavrilo Princip, Sohn eines Briefträgers in Sarajewo, der Hauptstadt von Bosnien.

Politischer Mörder: Gavrilo Princip (1894 – 1918) kurz vor dem Attentat

Die Bombe verfehlt zunächst ihr Ziel

Er ist begeistert von der Idee der nationalen Eigenständigkeit. Mit 18 schließt er sich einer studentischen Organisation an, die Bosnien von der Herrschaft Österreich-Ungarns befreien will. Sein Groll auf die fremden Besatzer steigert sich immer mehr. Als er hört, dass der österreichische Thronfolger Franz Ferdinand plant, Sarajewo zu besuchen, hat er nur einen Gedanken: Er will ihn töten.

Gavrilo bereitet seinen teuflischen Plan gut vor und nimmt heimlich Schießunterricht. Einen Monat vor dem Staatsbesuch des Thronfolgers reist er mit zwei Mitverschwörern in die bosnische Hauptstadt und sucht dort unbemerkt Standorte für das Attentat aus. Der erste Anschlag geht schief. Die Bombe, die ein Attentäter wirft, explodiert hinter dem Auto des Thronfolgers. Franz Ferdinand ist geschockt, setzt trotzdem seine Fahrt durch Sarajewo fort. Die Fahrtstrecke wird geändert, was aber der Fahrer nicht weiß. Er wendet das Auto ausgerechnet an der Häuserecke, wo Gavrilo Princip steht. Der Attentäter hat Glück: Er wird nicht zum Tode verurteilt, weil er noch nicht volljährig ist. Seine Strafe: 20 Jahre Gefängnis. Er stirbt dort vier Jahre nach dem Anschlag an einer schweren Krankheit. Gavrilo Princip hat seine Tat nie bereut.

Auf seine Tat folgt der 1. Weltkrieg

Dieses Attentat ist nicht Ursache für den 1. Weltkrieg, sondern der Anlass – also der Funke im Pulverfass Europa. Seit Ende des 19. Jahrhunderts herrscht tiefes Misstrauen unter den Großmächten Deutschland, England, Frankreich, Österreich und Russland. Es geht um Marktanteile und Einfluss auf der ganzen Welt. Aus Angst voreinander verstärken die Länder ihr Militär und schließen Bündnisse. Das bedeutet, dass sie sich gegenseitig beistehen, wenn ein Bündnispartner angegriffen wird. Der Fall tritt nun ein. Österreich erklärt Serbien den Krieg, Russland steht Serbien, Deutschland steht Österreich bei.

Tödlicher Anschlag: Aus nächster Nähe feuert Gavrilo Princip auf Franz Ferdinand von Österreich und seine Frau Sophie. Zwei Monate nach dem Attentat wird ganz Europa zum Schlachtfeld (rechts)

CHARLOTTE CORDAY

Sie tötet, um zu retten

Jean Paul Marat sitzt nichts ahnend in der Badewanne, als er seine Mörderin empfängt. Warum ersticht die Klosterschülerin Charlotte Corday den Wortführer der französischen Revolution?

Seelenruhig schaut Charlotte Corday (1768 - 1793) auf Jean Paul Marat, den sie gerade mit einem Küchenmesser erstochen hat. Der Revolutionsführer liegt in der Badewanne, weil er wegen einer Hauterkrankung regelmäßig baden muss

Jean Paul Marat ist Mediziner, Physiker und Verleger. Ein schlauer Kopf – und ein leidenschaftlicher Anhänger der französischen Revolution. Alle Gegner der Revolution sind für Marat Volksfeinde und Verräter. Ihre Namen veröffentlicht er in seiner Revolutionszeitung auf einer Todesliste. Allein im September 1792 sterben 1000 Menschen.
Die Klosterschülerin Charlotte Corday ist entsetzt über den Terror. Sie stammt aus einer verarmten Adelsfamilie, ist aber keine Gegnerin der Revolution. Im Gegenteil: Sie begrüßt ihre freiheitlichen Ideen, verurteilt jedoch ihre Gräueltaten. Für sie ist Marat der Hauptübeltäter. Sie beschließt ihn zu töten. Wenn er tot ist, so glaubt sie, können viele Menschen vor der Hinrichtung durch die Guillotine (Fallbeil) gerettet werden.

Sorgfältig plant sie den Mord an Marat

Sie fährt mit der Postkutsche nach Paris und kauft sich ein langes Messer. Beim ersten Besuch in Marats Wohnung wird sie abgewiesen. Beim zweiten Besuch greift sie zu einer List. Sie gibt vor, Marat Namen von Verschwörern verraten zu wollen. Der in einer Badewanne liegende Marat schreibt arglos die Namen auf. Da zieht Charlotte ihr Messer heraus und stößt es dem Revolutionär in den Hals.
Die Mörderin atmet tief durch und wartet scheinbar seelenruhig auf die Polizei. Wenige Tage später wird Charlotte mit geschorenen Haaren auf einem Karren zum Place de la Concorde gefahren. Eine wütende Menge schaut ihrer Hinrichtung zu.

Kaum zu glauben: Luigi Lucheni (1873 - 1910) freut sich bei seiner Festnahme über seinen Mord. Das Motiv des wohl geistig verwirrten Attentäters: Rache. Außerdem will er mit der Tat schockieren und sich selbst in den Mittelpunkt stellen

LUIGI LUCHENI

Verwirrt und verbittert

Der Genfer See schimmert im Licht der Herbstsonne. Die schöne Kaiserin Elisabeth, genannt Sisi, und ihre Hofdame schreiten in Richtung Anlegestelle. Plötzlich stürzt ein Mann auf Sisi zu und rammt ihr eine Feile in die Brust.

Kaiserin Sisi, schön und anmutig, wie sich Millionen Menschen an sie erinnern

Wenig später stirbt Sisi an den Folgen des gemeinen Attentats. Ganz Europa ist geschockt! Der einzige, der sich freut, ist der Täter: Luigi Lucheni. Was hat den in Paris geborenen Italiener zum Mord an Sisi getrieben?

Sein Leben ist nicht leicht. Er wächst bei seiner Mutter auf. Meist arbeitet Luigi als Helfer auf Baustellen. Er hat gerade genug Geld zum Überleben und empfindet die Welt als ungerecht. Schuld daran, so glaubt er, seien die Reichen und Schönen. Er will sich rächen und fasst den Entschluss, einen von ihnen zu töten. Seine Wahl fällt auf den Prinzen Henri Philippe von Orléans. Aber der ist schon abgereist, als Lucheni in Genf ankommt. Durch Zufall erfährt er vom Besuch der Kaiserin Elisabeth. Dann eben die, sagt sich der hasserfüllte Mann. Ein Zufall also, dass es Sisi trifft. Ebensogut hätte eine andere Adlige oder ein anderer Adliger das Opfer sein können. Nach dem blutigen Attentat lässt sich Lucheni widerstandslos festnehmen.

Der Mörder bekommt eine lebenslange Haftstrafe. Im Gefängnis fällt Lucheni auf, weil er sich agressiv verhält und seine Wärter angreift. Am 19. Oktober 1910 erhängt sich Luigi Lucheni in seiner Zelle.

Mord am helllichten Tag: Am 10. September 1898 ersticht der Italiener Luigi Lucheni Sisi, die Kaiserin von Österreich, mit einer Feile. Starr vor Schreck beobachtet Sisis Hofdame den Überfall

BRUTUS

Arglos eröffnet Caesar die Senatssitzung. Es ist der Morgen des 15. März im Jahre 44 vor Christus. Plötzlich bilden die Senatoren einen dichten Ring um ihn, ziehen lange Dolche unter ihren Gewändern hervor und stechen auf ihn ein. Blutüberströmt bricht der Diktator zusammen. „Auch du, mein Sohn Brutus", haucht er noch, als er unter den Mördern seinen Freund Brutus erkennt. Die Meinungen über Marcus Iunius Brutus (85 – 42 vor Christus) sind geteilt: Für die einen gilt er als mutiger Mann, der Rom von einem Tyrannen befreit. Für die anderen ist er ein niederträchtiger Verräter. Er ist der Sohn von Ceasars langjähriger Geliebten Servilia und eines römischen Adligen. Caesar fördert den jungen Politiker, macht ihn erst zum Verwalter von Gallien, später zu einem hohen Amtsträger in Rom. Als Brutus sieht, wie Caesar die traditionelle Ordnung des Staates missachtet und alle Macht auf sich vereinigt, schließt er sich dessen Gegnern an. Nach dem Attentat flieht er nach Makedonien und nimmt sich dort das Leben.

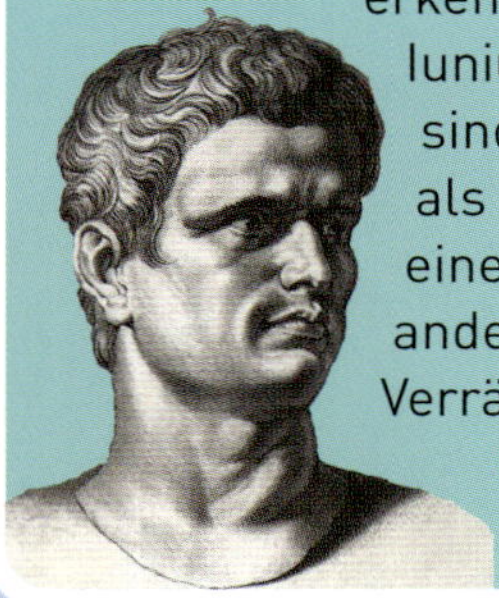

CARL LUDWIG SAND

Nichts Böses ahnend empfängt der Dichter August von Kotzebue den Studenten Carl Ludwig Sand (1795 - 1820) in seinem Haus. Sie unterhalten sich angeregt über Literatur. Plötzlich zieht der Student einen Dolch und sticht den Dichter in die Brust. Dabei ruft er: „Du Verräter des Vaterlandes." Die Stiche sind tödlich. Der Dichter war in den Augen der Studenten ein Schurke, weil er deren freiheitliche Ansichten verspottet hatte. Die Studenten sind es damals, die öffentlich aussprechen, was viele Menschen wollen: keine Fürstenherrschaft mehr, ein freies, unabhängiges und vereintes Deutschland. Der nachdenkliche Theologiestudent Carl Ludwig Sand ist ein besonders leidenschaftlicher Befürworter dieser freiheitlichen Ideen. Er glaubt, dass alle Mittel erlaubt sind, um das Ziel, ein geeintes Deutschland, zu verwirklichen. Und er geht sogar so weit, dass er politischen Mord als Dienst an einer höheren Sache ansieht. Als Strafe für seine Tat wird Sand geköpft. Aber schon bei seiner Hinrichtung gilt der Attentäter bei vielen Menschen als Symbol für Freiheit und Einheit.

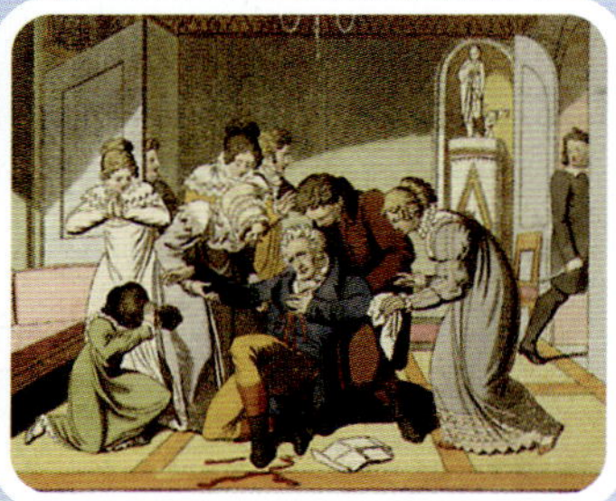

JOHN WILKES BOOTH

Unbemerkt schleicht sich der Schauspieler John Wilkes Booth (1838 – 1865) vor die Theaterloge des amerikanischen Präsidenten. Er reißt die Tür auf, zieht einen Revolver und schießt Abraham Lincoln in den Hinterkopf. Tödlich getroffen sackt der Politiker zusammen. Schreie, helle Aufregung im Publikum. Abraham Lincoln war ein Präsident, der leidenschaftlich gegen die Sklaverei gekämpft hat. Booth dagegen findet es – wie damals viele Menschen im Süden Amerikas – richtig und notwendig, dass die Afrikaner weiterhin als Sklaven auf den Tabakplantagen und Baumwollfeldern arbeiten. Im amerikanischen Bürgerkrieg spioniert Booth für die Südstaaten, besorgt Informationen, schmuggelt Medikamente. Aber Lincoln und der Norden siegen. Das kann Booth nicht ertragen. Er und neun weitere Verschwörer verabreden, sich zu rächen und den Präsidenten zu ermorden. Nach dem heimtückischen Mord gelingt es dem Attentäter, sich mehrere Tage zu verstecken, bis er in einer Scheune entdeckt und erschossen wird.

ASSASSINEN

Damaskus, die Stunde des Freitagsgebets. In der großen Menge gläubiger Muslime nähert sich ein Bettler dem Großwesir Nizam al-Mulk. Blitzschnell zieht der Bettler einen Dolch und tötet den hohen Staatsdiener mit den Worten „Einen Gruß von Hassan Sabbah." Anschließend lässt er sich von den Leibwächtern des Großwesirs töten – ohne Widerstand zu leisten. Dieses Attentat ist Zeichen einer neuartigen Weise des Kampfes. Terror im Auftrag, ausgeführt von Selbstmordattentätern der islamischen Sekte der Assassinen. Viele weitere Auftragsmorde folgen. Die Assassinen sind im 11. und 12. Jahrhundert ein Geheimbund in Persien, dem heutigen Iran. Sie sind straff organisiert und wollen einen Gottesstaat mit einem unverfälschten Islam errichten. Begründer ist der Perser Hassan-i Sabbah (1034-1124). Das machtpolitische Zentrum ist die Burg Alamut, 1800 Meter hoch im Elbrus-Gebirge gelegen. Von hier aus schickt Hassan seine Selbstmordkommandos in den Kampf gegen die Sunniten, die andere Glaubensrichtung, die damals die arabische Welt beherrscht. Wie schafft er es, sich seine Männer so gefügig zu machen, dass sie auf seinen Befehl in den Tod gehen? Angeblich gibt er seinen Assassinen Drogen und gaukelt ihnen auf diese Weise vor, dass sie ins Paradies kommen. So sind sie ihm bis in den Tod blind ergeben und haben keine Angst davor, selbst getötet zu werden. Nichts ist gefährlicher als ein Attentäter, der keine Angst hat und todesmutig entschlossen ist, seinen Auftrag auszuführen. Dagegen gibt es keinen Schutz.

Den Selbstmordkommandos der Assassinen fallen zahlreiche Würdenträger der arabischen Oberschicht zum Opfer

Die Terrorherrschaft der Assassinen dauert etwa 150 Jahre. Im Jahr 1256 gelingt es den Mongolen, die Festung Alamut einzunehmen und total zu zerstören

LICHT & SCHATTEN

Menschen mit zwei Gesichtern

Wo Licht ist, gibt es auch Schatten. Ein Gesetz der Natur, das auch auf uns zutrifft. Es gibt Menschen mit zwei Gesichtern. Sie sind auf der einen Seite aufrichtig, zuverlässig und vernünftig. Auf der anderen Seite erscheinen sie durch das, was sie tun oder denken, in einem finsteren, fragwürdigen – und manchmal sogar anrüchigen Licht.

LICHT + SCHATTEN

NOSTRADAMUS

Genialer Hellseher oder Schwindler?

Die einen halten ihn für einen Schwindler und Betrüger. Die anderen bewundern und verehren ihn als größten Hellseher aller Zeiten. Die Voraussagen des französischen Arztes Nostradamus sind auch heute noch heftig umstritten.

Nostradamus erblickt als Michel de Nostredame in St. Rémy, einem Dorf in Südfrankreich, das Licht der Welt. Nostradamus ist ein Künstlername, den er sich später zulegt. Vermutlich weil der Name gelehrt und weise klingt. Schon früh interessiert sich der aufgeweckte kleine Michel für die Sterne am Himmel. Sein Großvater soll es gewesen sein, der den Jungen in die Geheimnisse der Astrologie eingeweiht hat. Eine Zeit lang kann er seiner Leidenschaft nicht nachgehen, denn sein Vater, ein wohlhabender Kaufmann, schickt ihn zum Medizinstudium. Michel wird Arzt in Aix-en-Provence und entwickelt ein neuartiges und erfolgreiches Medikament gegen die Pest. Seine Erfolge bringen ihm den Ruf eines

Geheimnisvoll: Nostradamus (1503 - 1566) blickt in eine Schale voll Wasser. Er sieht darin Bilder von Ereignissen, die in der Zukunft stattfinden. Er schreibt alles auf, was er sieht und veröffentlicht später seine Voraussagen in rätselhaften Versen

Seine erste große Prophezeiung

Gleich eine seiner ersten Prophezeiungen macht ihn weit über Frankreich hinaus berühmt: Er sagt den Tod des französischen Königs Heinrich II. voraus: „Der junge Löwe überwindet den Älteren auf dem Kampffeld durch ein Einzelduell. In einem goldenen Käfig sticht er ihm die Augen aus", dichtet Nostradamus. Tatsächlich kommt Heinrich bei einem Turnier ums Leben, ein Jahr nach der Veröffentlichung der Prophezeiung. Eine Lanzenspitze bohrt sich durch das Visier des Königs und dringt in seinen Kopf.

Heilers ein. Dann kommt der Tag, der sein Leben verändert: Er sitzt am Tisch, vor ihm ein Becher voll Wasser. Plötzlich hält er inne. Er sieht an der Oberfläche etwas Unglaubliches: ein Bild aus der Zukunft. Michel traut seinen Augen nicht. Doch auch am nächsten Abend wiederholt sich das wundersame Schauspiel. Von da an befasst er sich jeden Abend damit und blickt aufmerksam und geduldig in eine wassergefüllte Schale. Alles, was er sieht, schreibt er genau auf.

Er verschlüsselt seine Voraussagen

Seine Voraussagen veröffentlicht er unter dem Namen Nostradamus und benutzt dabei einen Trick. Er schreibt sie in Versen, in einer dunklen, geheimnisvollen Sprache, auf. Grund: Er will nicht von der mächtigen katholischen Kirche als Magier verfolgt werden. Seine Vorhersagen erregen ungeheueres Aufsehen, besonders die vom Tod des französischen Königs Heinrich II.
Königin Katharina und hohe Adlige sind fasziniert von Nostradamus' hellseherischen Fähigkeiten und suchen immer öfter seinen Rat. Er wird sogar Hofarzt des Königshauses. Selbstverständlich lässt er sich seine Dienste gut bezahlen und stirbt 1566 als reicher Mann. Das Jahr seines Todes hat er genau vorausgesagt.
Der Seher beschränkt seine Prophezeiungen nicht nur auf die unmittelbare Zukunft. Seine Weissagungen reichen sogar bis in unsere Zeit hinein.
Auch heute noch hat Nostradamus viele Anhänger und Schüler, die Nostradamiker genannt werden. Ihrer Ansicht nach hat der große Hellseher viele Kriege, Attentate, Naturkatastrophen und Krisen richtig vorausgesagt. Allerdings sind die Verse, in denen er seine Weissagungen aufschreibt, rätselhaft und schwer verständlich. Fast jede Deutung ist möglich – ähnlich wie bei Horoskopen.
All das war und ist sehr praktisch für die Nostradamus-Fans. So können sie von fast jedem ungewöhnlichen Ereignis sagen, Nostradamus habe es vorhergesehen. Und sie machen es auch. Wenn ein Ereignis nicht pünktlich eintritt, behaupten die Nostradamiker einfach, der große Meister sei falsch gedeutet worden ...

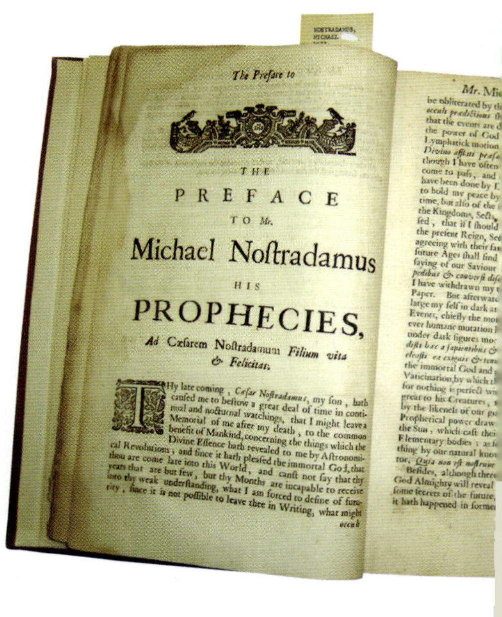

Die erste Buchausgabe von Nostradamus' Prophezeiungen aus dem Jahre 1589 wird gleich ein Riesenerfolg. Vorher erscheinen seine Voraussagen in Form von Broschüren

Nostradamus: Das sagt er angeblich voraus

Brand von London 1666: „Das Blut der Gerechten wird gefordert von London, verzehrt durch das Feuer, wenn man drei mal zwanzig plus sechs schreibt."

Napoleon und seine Niederlage in Russland 1812: „Ein Kaiser wird in der Nähe von Italien geboren, welcher der Regierung sehr teuer zu stehen kommt."

Hitler: „Im tiefsten Westen von Europa wird von armen Leuten ein junges Kind geboren, durch seine Sprache verführt es große Menschenmassen."

2. Weltkrieg: „Danach – von Monaco bis fast nach Sizilien. Alle Strände wieder aufgebrochen und verwüstet/trostlos. Keine Vorstädte mehr, keine Städte und Ortschaften, die nicht durch Barbaren zerstört wären."

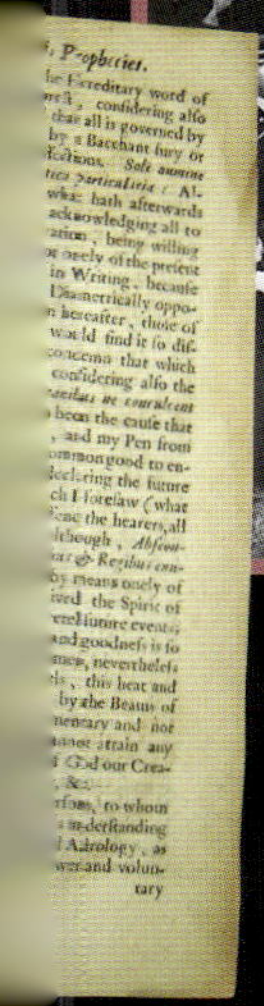

Attentat auf US-Präsident Kennedy 1963 und die angebliche Verschwörung: „Der Große stürzt durch einen Blitz zur Tagesstunde. Unschuldige wird man einer Mordtat beschuldigen, Schuldiger versteckt, im Holzschlag, bei kaltem Nieselregen."

Weltuntergang: „Vierzig Jahre wird man keinen Regenbogen sehen, vierzig Jahre lang nur kraftlose Tage! Die Erde verdorrt in zunehmender Trockenheit, und große Fluten, in einem einzigen Augenblick."

RASPUTIN

Der düstere Mönch

Kaum ein anderer Mensch wird bereits zu Lebzeiten so verehrt und zugleich so verachtet wie Rasputin. Die einen halten den russischen Mönch und Wanderprediger für einen Wunderheiler und Hellseher. Für die anderen ist er ein Wüstling und Betrüger.

Zweimal hat Rasputin angeblich den Zarensohn Alexej von schweren Krankheiten geheilt. Das erste Mal durch Gebete an seinem Bett, das zweite Mal heilt er ihn sogar aus der Ferne. Voller Dankbarkeit sieht Zarin Alexandra in Rasputin einen Heiligen, der ihr von Gott gesandt wurde. Zar Nikolaus zweifelt daran, achtet ihn aber

Rasputin ist in jedem Fall eine beeindruckende Persönlichkeit, allein schon wegen seiner Erscheinung. Ein Riese von Gestalt, tiefliegende glänzende Augen und ein stechender Blick. Viele Menschen glauben, dass Rasputin bis auf den Grund ihrer Seele sehen kann. „Frauen in seiner Gegenwart sahen aus, als ob sie schmelzen wollten", heißt es in einem Bericht der zaristischen Geheimpolizei. Rasputin wird 1865 oder 1869 als Bauernsohn in einem kleinen sibirischen Dorf geboren. Mit 17 Jahren zieht er als Pilger durch die Weiten des Zarenreiches. Schon zu dieser Zeit gibt es Gerüchte über seinen unsittlichen Lebenswandel. Er kann zwar kaum lesen und schreiben, hat auch keine anerkannte religiöse Ausbildung, wird aber trotzdem in der russischen

Hauptstadt St. Petersburg von den höchsten Kirchenvertretern empfangen und anerkannt. Sein Ruf als kluger Mönch und Wunderheiler verbreitet sich in Windeseile und verschafft ihm Eintritt in die Salons höherer Gesellschaftskreise.

Verehrt und gehasst

Dann erreicht ihn plötzlich der Notruf des Zaren: Der dreijährige Zarensohn Alexej droht zu sterben. Rasputin soll am Bett des Kindes einige Gebet gemurmelt haben - und auf unerklärliche Weise wird der Junge wieder gesund. Kein Wunder, dass die Eltern überglücklich sind. Rasputin erfreut sich künftig der Gunst der Zarin und der Anerkennung des Zaren. Das Volk hat allerdings nichts mitbekommen - weder von der Krankheit des kleinen Thronfolgers noch von der unglaublichen Heilung. Deshalb wundern sich die Menschen, dass jemand wie Rasputin bei Hofe ein- und ausgeht. Hinzu kommen Berichte über Trinkgelage und Frauengeschichten.

All das passt den mächtigen Adligen gar nicht. Ihnen ist besonders Rasputins Einfluss auf die Zarenfamilie ein Dorn im Auge. Insgeheim schmieden sie Pläne, wie sie ihn loswerden können. Die Zeitungen veröffentlichen ganze Serien über die Verfehlungen Rasputins. Trotzdem hält die Zarenfamilie zu ihm.
Als er acht Jahre alt ist, erkrankt Alexej erneut schwer. Abermals gelingt es Rasputin, ihn zu heilen. Der

Günstling Rasputin: Weil er auf wundersame Weise den kranken Zarensohn geheilt hat, gewinnt der ehemalige Mönch das Vertrauen und die Gunst der Zarenfamilie. Und die zeigt sich hier stolz mit dem Wunderheiler

Wunderheiler hält sich inzwischen für allmächtig und mischt sich sogar in die Politik ein. Dann beginnt der erste Weltkrieg. Russland droht unterzugehen. Und wer ist Schuld? Kein anderer als Rasputin! Der unheimliche Ex-Mönch ist für viele Menschen der Sündenbock. Es gibt Verschwörungen und Attentate auf ihn, Rasputin überlebt die Anschläge. Sein Leben hängt an einem seidenen Faden ...

Sein Ende ist so spektakulär wie sein Leben

Dezember 1916: Die Polizei weiß, dass ein Attentat auf Rasputin geplant ist. Doch sie unternimmt nichts. Eine Gruppe von adligen Verschwörern lockt den Mönch zu einer Feier. Sie geben ihm Wodka, der mit Zyankali vergiftet ist. Doch Rasputin zeigt keine Reaktion. Dann schießt ihn ein Verschwörer nieder. Rasputin bleibt reglos liegen, stürzt sich aber kurz darauf auf den Angreifer. Geschockt schießen die Verschwörer noch einmal. Nun rührt sich Rasputin nicht mehr. Er ist tot. Die Mörder verpacken seine Leiche und werfen sie in den Fluss Newa. Sie kommen mit dem Leben davon, werden aber aus Petersburg verbannt.

JOHANN FAUST

Pakt mit dem Teufel

Bei diesem Namen klickt's bei vielen heftig: Goethes Faust. Der Klassiker im Deutschunterricht. Quälend lange Stunden. Das weltberühmte Lehrstück über Gut und Böse. Aber es gab ihn auch in Wirklichkeit, den Doktor Faust.

Auf Jahrmärkten ist Faust eine Attraktion und zieht als Wunderheiler und Gaukler viele Menschen in seinen Bann

Er lebte lange vor Goethe, 300 Jahre davor. Sein Leben war so abenteuerlich, sein Ende so ungewöhnlich, dass sich die Menschen in Deutschland die Faust-Geschichte immer wieder erzählten. Sie wurde auch in einem Volksbuch aufgeschrieben und auf diese Weise weit verbreitet.

Geschichtlich gibt es zwei Männer, die Vorbild für Faust sein könnten. Es wird ein Johann, manchmal auch ein Georg erwähnt. Beide sind etwa zwischen 1460 und 1480 geboren – vermutlich in Knittlingen, Helmstadt oder Roda. Johanns Vater ist Bauer, aber der Junge strebt nach Höherem. Er studiert Theologie, erwirbt den Doktortitel, später studiert er Medizin und Astrologie. Ein Johann Faust war tatsächlich an der Heidelberger Uni. Ein Georg Faust soll sich als Zauberer, Wunderheiler und Gaukler durch die Gegend geschlagen haben. Vielleicht ist Faust auch bloß ein neugieriger Forscher, ein kühner Vorläufer unserer Naturwissenschaftler. Jedenfalls findet er überall Menschen, die seine Fähigkeiten in Anspruch nehmen und dafür bezahlen.

Faust als Gelehrter: So wurde die sagenumwobene Figur normalerweise dargestellt. Der Kirche war Faust nicht geheuer. Martin Luther bezeichnete ihn sogar als „Schwager des Teufels"

Sprengt er sich selbst in die Luft?

Der Abt des Maulbronner Klosters nutzt seine Dienste als „Goldmacher", für den Bischof von Bamberg erstellt er ein Horoskop. Er muss wohl den Mund oft sehr voll genommen und mit seiner Kunst ziemlich geprahlt haben.

Unheimliche Begegnung: Der Teufel besucht Faust in seiner Studierstube und Faust scheint ihn zu fürchten. Ungewöhnlich: Faust ist in diesem Gemälde aus dem 16. Jahrhundert als alter Mann dargestellt. Das kleine Foto zeigt ein im Jahre 1695 erschienenes Volksbuch über Faust

Was ist ein Teufelspakt?

Die Versuchung durch den Teufel steht bereits im Neuen Testament und hat die Menschen seit altersher bewegt. In vielen mittelalterlichen Schriften, Gedichten und Sagen werden der Teufel und der Teufelspakt erwähnt. Darunter versteht man ein Bündnis zwischen dem Teufel und einem Menschen. Dabei verkauft der Mensch dem Teufel seine Seele und erhält als Gegenleistung Reichtum, Macht, besondere Begabung oder magische Kräfte. Viele Menschen haben im Mittelalter eine ehrfürchtige Scheu, aber auch eine heimliche Sympathie für jemanden, der angeblich mit dem Teufel im Bunde steht.

Als er behauptet, er könne die Auferstehung Christi jederzeit wiederholen, wird er sofort mit dem Teufel in Verbindung gebracht. Schon bald entstehen auch Gerüchte, er habe verwerfliche Handlungen an Kindern vorgenommen. Deshalb wird er aus vielen Städten gejagt, etwa aus Ingolstadt und Nürnberg. Faust stirbt angeblich bei einer Explosion, als er im badischen Staufen in seinem Hotelzimmer mit Chemikalien experimentiert. Weil es dabei nach Schwefel riecht, ist für viele Menschen klar: Faust hat einen Pakt mit dem Teufel gehabt und der hat ihn nun endlich geholt. Denn der Gestank von Pech und Schwefel steht damals immer im Zusammenhang mit dem Teufel.

EUGENE FRANCOIS VIDOCQ

Vom Ganoven zum Polizeichef

Er ist ein Bandit und Betrüger, kommt immer wieder ins Gefängnis und bricht immer wieder aus. Aber der Franzose Vidocq will ein ehrbarer Bürger werden und hat eine überraschende Idee. Er bietet der Polizei seine Kenntnisse an, die er in der Unterwelt gesammelt hat ...

Eugene Francois Vidocq gerät schon früh auf die schiefe Bahn. Er beklaut seine Eltern, stiehlt ihr Silberbesteck und später die Ladenkasse seines Vaters, eines Bäckermeisters. Wegen Betrug, Fälscherei und Diebstahl landet er regelmäßig hinter Gitter. Aber genauso schnell, wie man ihn einsperrt, ist er wieder draußen. König der Ausbrecher wird er genannt. Er ist ständig auf der Flucht, immer die Polizei im Nacken. Ein Teufelskreis. 1809 wird er wieder einmal verhaftet und hat eine verblüffende Idee: Er bietet

Verurteilte Verbrecher auf dem Weg ins Gefängnis. Sie sind aneinander gekettet und werden von reitenden Polizisten bewacht. Diese Filmszene zeigt, wie es damals gewesen sein könnte. Unten im Bild das offizielle Dokument mit Vidocqs Gefängniseinweisung

Eugene Francois Vidocq (1775 – 1857) horcht im Pariser Staatsgefängnis La Force (Foto) fast zwei Jahre lang Mitgefangene aus. Ein Kuhhandel, den er mit der Polizei geschlossen hat. Später, in Freiheit, macht er als Spitzel weiter (Foto unten rechts)

der Polizei seine Kenntnisse an, die er in der Unterwelt gesammelt hat. Die Polizei stellt ihn ein. Vidocq horcht als Spitzel seine Mitgefangenen aus. Wichtige Informationen gibt er an die Polizei weiter. Wieder in Freiheit, setzt er seine Spitzeldienste fort. Dank seiner Hilfe erfährt die Polizei früh von geplanten Verbrechen und fängt viele Ganoven.

Der erste Detektiv der Kriminalgeschichte

Die Behörden erkennen plötzlich, wie wertvoll ein Spitzel in der Unterwelt sein kann und richten 1811 eine eigenständige Abteilung ein. Chef dieser Spezialtruppe wird Vidocq. 1813 macht Kaiser Napoleon daraus die staatliche Sicherheitspolizei. Mit neuen modernen Methoden gehen die Geheimagenten des ehemaligen Banditen nun auf Verbrecherjagd. Vidocq legt eine Kartei an, er und seine etwa 20 Leute ermitteln verdeckt und verkleidet in der Unterwelt, sie sichern und vergleichen Spuren und Tatwaffen. Sein Erfolg ist groß. Etwa 1500 Ganoven wandern pro Jahr ins Gefängnis. Aber solch ein Erfolg schafft Neider. Außerdem hat Vidocq noch eine Strafe abzusitzen. Schließlich fliegt er bei der Polizei raus. Nun nutzt er seine Kenntnisse privat und eröffnet ein Detektivbüro. Nach anfänglichem Erfolg gerät er wieder mit der Polizei in Konflikt. Der Vorwurf: Bestechung, Unterschlagung und Betrug. Er wird angeklagt, kommt mehrmals ins Gefängnis, aber nur für wenige Tage. All das schadet seinem Geschäft. Er muss sein Haus verkaufen, wohnt wieder zur Miete. Immerhin kann er auf eine beeindruckende und wechselvolle Zeit zurückblicken. Auf ein Leben zwischen Gesetzlosigkeit und Gesetzestreue.
Vidocq stirbt 1857 mit 81 Jahren. Das ist für die damaligen Lebensverhältnisse ein hohes Alter.

Er ermittelt mit modernen Methoden

Paris im Jahr 1822: Gräfin Isabelle liegt tot vor ihrem Bett. Die Polizei verhaftet den Ehemann. Er soll sie erschossen haben, weil sie ihn betrogen hat. Aber Vidocq glaubt, dass ein anderer der Mörder ist. Er lässt heimlich die Kugel aus dem Kopf des Opfers entfernen und vergleicht sie mit der Pistole des Mannes. Ergebnis: Die Kugel ist zu groß für den Lauf. Aber sie passt in die Pistole des Liebhabers, die Vidocq in dessen Wohnung findet. Mit diesem Beweis wird der echte Mörder überführt. Der Vergleich der Kugel mit der Waffe ist moderne Geschosskunde, die Vidocq als Erster anwendet.

ALFRED NOBEL

Todbringende Geschäfte

Den 3. September 1864 wird der geniale schwedische Erfinder Alfred Nobel nie vergessen. Es ist der Tag, an dem sein Bruder Emil sich selbst in die Luft sprengt ...

Nachdenklich: Alfred Nobel (1833-1896). Seine Sprengstoffe werden im Krieg und bei Attentaten verwendet

Explosion in einer von Nobels Sprengstofffabriken. Solche Unfälle passieren immer wieder und viele Menschen sterben. Aber kein Vergleich zu den Millionen Menschen, die später im Krieg durch Sprengstoffe ums Leben kommen

Emil Nobel hat im chemischen Labor seines Bruders mit einem hochexplosiven Stoff namens Nitroglycerin experimentiert. Später fliegen noch weitere Fabriken durch diesen Stoff in die Luft und auch viele Schiffe, die das gefährliche Material transportieren. Aber Alfred Nobel forscht weiter, bis er endlich die Mischung gefunden hat, damit das Nitroglycerin nicht bei der kleinsten Erschütterung explodiert. Die Geburtsstunde des Dynamits. Eine Erfindung, die Millionen Menschen den Tod bringen kann - und mit der Alfred Nobel ein Millionenvermögen verdient.

Schwerreich und furchtbar einsam

Sein Dynamit wird überall auf der Welt eingesetzt, im Bergbau, im Tunnelbau, auch im Krieg und bei Attentaten. Die Sprengstoffe, die er später entwickelt, nutzt vor allem das Militär in aller Welt. Das ungeheuer viele Geld, das Nobel mit seinen Erfindungen verdient, macht ihn nicht glücklich.
Er heiratet nie und bleibt Zeit seines Lebens ein einsamer, trauriger Mann. Rastlos reist er in der Welt umher, um seine Fabriken in den verschiedenen Ländern zu beaufsichtigen. Über das Unglück, das seinem Bruder den Tod brachte, spricht er nie. Als der begnadete Ingenieur weiß, dass er selbst bald sterben wird, ruft er eine Stiftung ins Leben, der er fast seinen ganzen Reichtum vererbt. Aus den Zinsen dieses riesigen Vermögens werden jedes Jahr fünf internationale Preise verliehen.
Der Friedensnobelpreis ist der bekannteste. Mit ihm werden Menschen geehrt, die sich besonders für den Frieden auf der Welt einsetzen ...

Nobelpreismedaille mit dem Porträt des Stifters Alfred Nobel

HEINRICH VIII.

Klug, maßlos und brutal

Er ist ein Kraftprotz, Frauenheld und schrecklicher Ehemann. Der englische König Heinrich VIII. rebelliert gegen den Papst, gründet eine eigene Kirche – und legt mit dem Ausbau der Flotte den Grundstein für Englands Aufstieg zur Weltmacht.

Heinrich stammt aus der englischen Herrscherfamilie der Tudors. Er ist gebildet, spricht mehrere Sprachen – und ist sehr dick, aber sehr sportlich. Mit seiner ersten Frau ist er 20 Jahre verheiratet. Das Problem: Katharina von Aragon bringt keinen männlichen Thronfolger zur Welt.
Es gibt zwar eine Tochter, die spätere Königin Maria I., aber Heinrich wünscht sich einen Sohn. Er will sich scheiden lassen. Doch der Papst löst seine Ehe nicht auf. Kurzerhand gründet Heinrich eine eigenständige englische Kirche. Er setzt den neuen Glauben mit Gewalt durch. Mönche und Nonnen werden gefoltert, überall lodern Scheiterhaufen. Er trennt sich von Katharina. Aber auch seine neue Frau, Anne Boleyn, schenkt ihm keinen Sohn. Er lässt sie wegen angeblichen Ehebruchs köpfen. Er selbst soll mindestens sechs außereheliche Kinder gezeugt haben.
Nach Annes Tod heiratet Heinrich noch vier weitere Frauen. Eine davon wird auch hingerichtet.
Obwohl privat brutal, gilt Heinrich aus politischer Sicht als sehr klug. Er lässt Schiffe und Häfen bauen – die Grundlage für die künftige Seemacht Englands. In seinen letzten Lebensjahren interessiert er sich jedoch nur fürs Essen. Er langt so kräftig zu, dass sein Bett mit Balken verstärkt werden muss.

Stolzer Herrscher in kriegerischer Pose: Heinrich VIII. (1491 – 1547). So wie auf diesem Gemälde seines Hofmalers, Hans Holbein der Jüngere, sieht sich der englische König am liebsten

Ehefrau 1: Katharina von Aragon. Scheidung nach 20 Jahren

Ehefrau 2: Anne Boleyn. Große Liebe, dann geköpft

Ehefrau 3: Jane Seymour. Stirbt bei der Geburt des Thronfolgers

Ehefrau 4: Anna von Kleve. Die Deutsche ist ihm zu langweilig

Ehefrau 5: Catherine Howard. Geköpft wegen Hochverrats

Ehefrau 6: Catherine Parr. Schreibt religiöse Bücher

NICCOLO MACHIAVELLI

Ein schmales Buch macht ihn weltberühmt: „Der Fürst". Viele Menschen, für die Toleranz und Gewissensfreiheit wichtige Werte sind, hassen Niccolo Machiavelli (1469 -1527) für sein Werk. Aber Politiker und Herrscher wie der italienische Diktator Mussolini befolgen später seine Ratschläge. In seinem 1513 erschienenen Buch schreibt der italienische Politiker und Philosoph ohne Hemmungen über Macht und wie ein Herrscher es anstellen muss, sie zu behalten. Alles ist erlaubt: Lüge, Verrat, Hinterlist, Gewalt. Sein Vorbild: die skrupellose Machtpolitik des Tyrannen Cesare Borgia. Italien ist zu jener Zeit in viele kleine Stadtstaaten zersplittert. Machiavelli träumt von einem Fürsten, der fähig ist, Italien zu vereinigen. Er hofft, dass es Lorenzo II. di Medici sein wird, der Machthaber in Florenz. Ihm widmet er sein Buch – mit der Absicht, seine Gunst zu gewinnen. Denn als die Familie Medici in Florenz wieder an die Macht kam, verlor Machiavelli seinen Job als hoher Beamter. Er gilt als Verschwörer, wird verhaftet, gefoltert und mit seiner Frau und seinen sechs Kindern in ein tristes Dorf verbannt. Dort schreibt er sein berühmtes Buch und viele Bittbriefe an die Medicis. Erst Jahre später darf er nach Florenz zurück, erhält immerhin ein kleines politisches Amt. Machiavelli stirbt verbittert 1527. Sein „Fürst" bleibt bis heute heftig umstritten.

ALEXANDER VI.

Kaum zu glauben, dass ein Papst so raffgierig und machtbesessen sein kann: Alexander VI. (1430 -1503) ist jedes Mittel recht, um seinen Einfluss und seinen Reichtum zu vergrößern. Er stammt aus der Familie Borgia. Schon bei seiner Wahl zum Papst spielt Bestechung eine große Rolle. Er vergrößert sein Vermögen, indem er den Besitz von verstorbenen Kardinälen einzieht. Auch am mysteriösen Tod von zwei von ihnen ist er angeblich nicht unbeteiligt. Und von wegen fromm: Es gibt zahlreiche Schilderungen über Orgien an seinem Hof. Er zeugt mehrere Kinder, sechs sind bekannt. Seine Tochter Lucrezia ist erst 13, als er sie zum ersten Mal verheiratet. Ihren zweiten Ehemann lässt er vergiften, er nützte ihm nicht mehr. Sein Sohn Cesare Borgia führt im Namen der Kirche blutige Kriege. Trotz aller Laster, der Mann hat auch sein Gutes: 1494 teilt er die Welt zwischen Portugal und Spanien auf, um einen Krieg zu verhindern. Und er gewährt in Rom hunderten Juden Schutz, die aus Spanien vertrieben wurden. Alexander VI. stirbt 1503 unter ungeklärten Umständen.

Hinrichtung während der Französischen Revolution: Viele Menschen sterben unter dem Fallbeil (Guillotine)

Paris, 28. Juli 1794. Auf dem Place de la Concorde drängen sich die Menschen um ein hohes hölzernes Gestell, die Guillotine. Sie alle wollen sehen, wie der Mann, der noch wenige Tage zuvor mit Angst und Schrecken über Frankreich geherrscht hat,

FRANCIS DRAKE

Als die Nachricht von seinem Tod eintrifft, läuten in ganz Spanien die Kirchenglocken. Das ganze Land feiert den Tod des englischen Freibeuters und Seefahrers Sir Francis Drake. Kein anderer hat Spanien im 16. Jahrhundert mehr bedroht. Und kein anderer hat soviel Gold und Silber zusammengeraubt. Sein erstes großes Geld macht Drake mit einem unwürdigen Geschäft: Er nimmt Menschen in Westafrika gefangen und verkauft sie an Plantagen- und Bergwerksbesitzer in Amerika. Dann lockt ein Geschäft, das noch mehr einbringt als der Menschenhandel: die Seeräuberei. Mit einem unbändigen Hass plündert Drake in der Karibik alles, was spanisch ist. In England wird er als Held gefeiert. Königin Elisabeth I. schlägt ihn sogar zum Ritter, als er nach einer abenteuerlichen Weltumsegelung reichbeladen nach England zurückkehrt. Auch an dem großen Sieg der Engländer über die spanische Flotte, die Armada, im Jahre 1588 ist Sir Francis beteiligt. Bei seinen letzten Beutezügen im Jahr 1595 verlässt Drake allerdings das Glück. Trotz einer Streitmacht von 27 Schiffen scheitern seine Angriffe auf spanische Städte in Mittelamerika. Die Spanier haben inzwischen die Festungsanlagen verstärkt. Enttäuscht zieht der siegesgewohnte Eroberer seine Flotte ab. Wenige Tage danach erkrankt er schwer und stirbt am 28. Januar 1596.

Vom Freibeuter zum Ritter: Der Engländer Sir Francis Drake (1540 –1596) umsegelt als erster die ganze Welt

In der berühmten Seeschlacht im Ärmelkanal vernichtet die englische Flotte die ruhmreiche spanische Armada

ROBESPIERRE

nun selbst geköpft wird. Die Menge jubelt, als Robespierre seinen Kopf unter das Fallbeil legen muss. Das tragische Ende des Mannes, der den revolutionären Ideen zum Sieg verhelfen wollte. Man nennt ihn den Unbestechlichen, weil er weder Geld noch Luxus liebt. Aber der kluge und ehrgeizige Anwalt treibt es mit seiner unerbittlichen Strenge zu weit, vor allem, als es ihm gelingt, den Vorsitz des Wohlfahrtsausschusses an sich zu reißen. Das ist die Einrichtung der Revolution, die die wichtigen Entscheidungen trifft. Die Anordnungen von Robespierre sind zwiespältig. Er erlässt einerseits Gesetze, die dem Wohl des Volkes dienen, andererseits verordnet er mit dem „Gesetz gegen die Verdächtigen“ das schrecklichste Machtmittel der Revolution. Damit kann jeder, der beschuldigt wird, zum Tode verurteilt werden. Innerhalb von sechs Wochen werden fast 2000 Menschen hingerichtet. Kein Wunder, dass selbst Freunde und Mitarbeiter Robespierres Angst haben. Ironie des Schicksals: Nach einer Verschwörung gegen ihn wird Robespierre selbst zum Opfer der Revolution.

Strenger Blick, edle Kleidung: Maximilien de Robespierre (1758 – 1794), Hauptverantwortlicher der Schreckensherrschaft während der Revolution

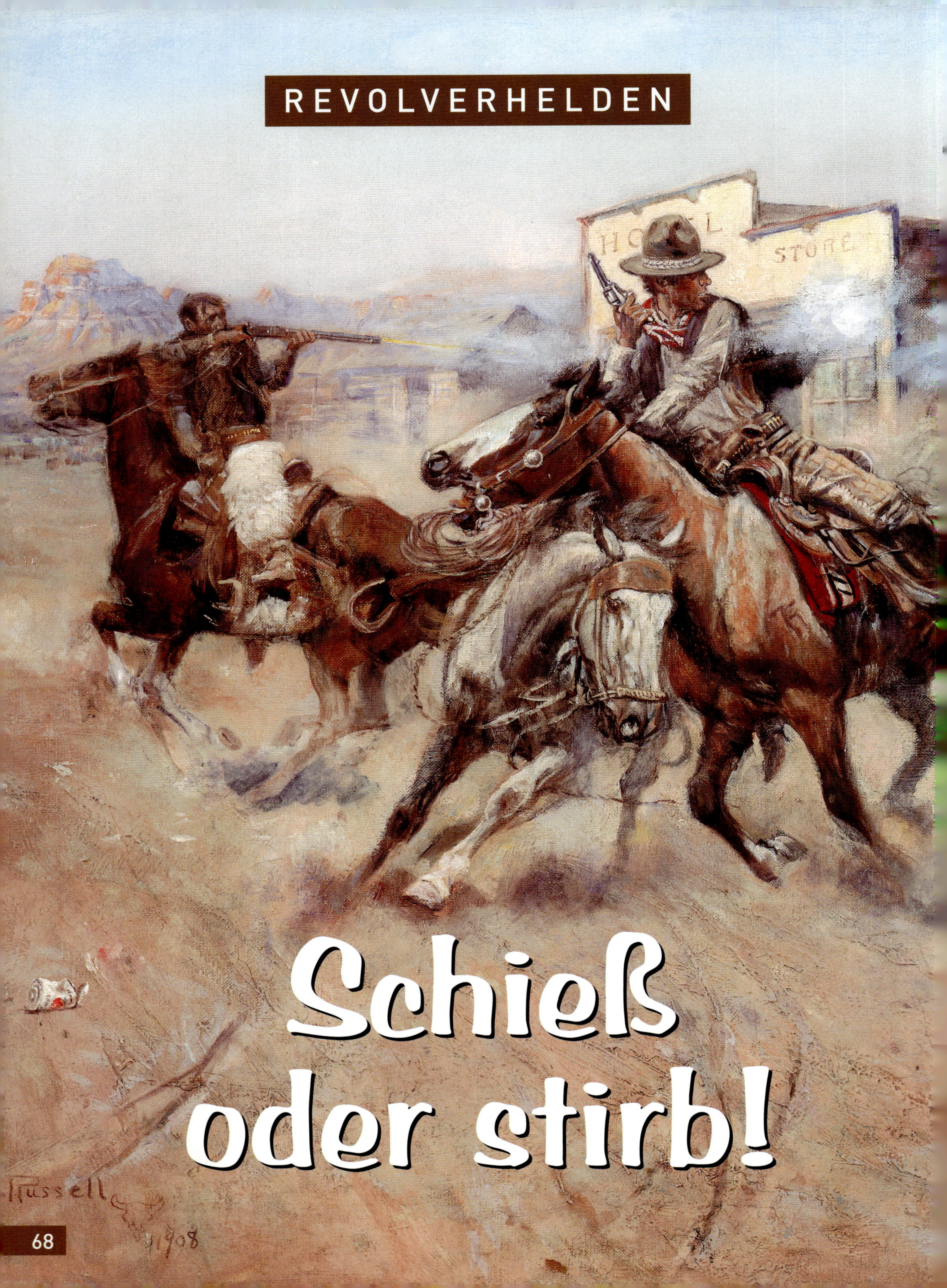

Schieß oder stirb!

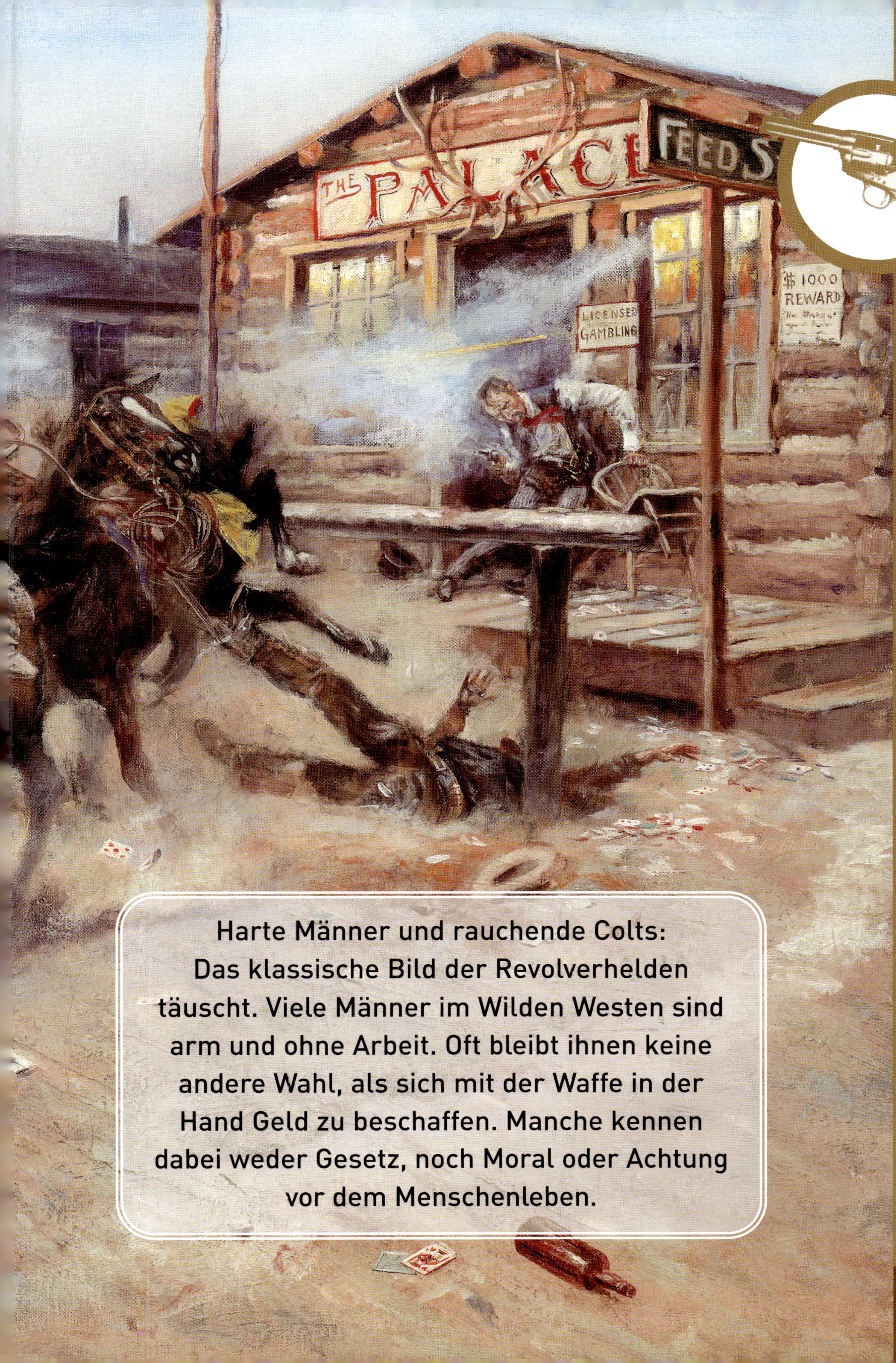

Harte Männer und rauchende Colts: Das klassische Bild der Revolverhelden täuscht. Viele Männer im Wilden Westen sind arm und ohne Arbeit. Oft bleibt ihnen keine andere Wahl, als sich mit der Waffe in der Hand Geld zu beschaffen. Manche kennen dabei weder Gesetz, noch Moral oder Achtung vor dem Menschenleben.

BILLY THE KID

Jung, schnell, allen gefürc

Fort Sumner in New Mexico am 14. Juli 1881. Kurz nach Mitternacht. Das erste und das letzte Mal in seinem Leben ist Billy the Kid unvorsichtig. Der Revolverheld betritt das Zimmer eines befreundeten Ranchers, ohne sich zu vergewissern, wer noch im Raum ist. Ein Fehler. Denn im Dunkeln wartet schon sein ärgster Feind...

Ohne Vorwarnung schießt Sheriff Pat Garrett auf Billy, bevor dieser auch nur seine Waffe ziehen kann. Die Kugel trifft Billy direkt ins Herz. Er wird nur 21 Jahre alt. Sein Mörder veröffentlicht sogar später ein Buch über ihn. Darin schreibt Pat Garrett, dass Billy mit einem Revolver in der rechten Hand gestorben ist.
Egal, was stimmt: Fest steht, dass Billy als amerikanischer Westernheld unsterblich wird. Eigentlich heißt er Henry und kommt 1859 in New York zur Welt. Schon früh verliert er seine Eltern, muss mit 14 seinen eigenen Lebensunterhalt verdienen.
Er wird Laufbursche in einem Hotel in New Mexico und gilt als fleißig und hilfsbereit. Bis zu dem Zeitpunkt, an dem er wegen eines eher harmlosen

Klein und schmächtig: Billy the Kid (1859 – 1881) verschafft sich mit dem Revolver Respekt und gilt als gefürchteter Killer. Er wird nur 21 Jahre alt

von
htet

Pat Garrett (links) wartet im dunklen Zimmer und schießt sofort. Billy hat in dieser Darstellung einen Colt in der Hand. In Wirklichkeit ist er wohl unbewaffnet

Diebstahls ins Gefängnis muss. Er hat zwei Bündel Kleidung geklaut und sich dabei erwischen lassen. Mit Sicherheit wäre Billy schnell wieder frei gekommen. Aber er gerät in Panik und bricht nach zwei Tagen aus dem Gefängnis aus. Der Beginn eines Lebens auf der anderen Seite des Gesetzes.

21 Menschen soll er auf dem Gewissen haben ...

Billy flieht nach Arizona, wo er als Hilfscowboy arbeitet. Den Beinamen Kid bekommt er, weil er wie ein Junge aussieht. Er ist außerdem klein und schmächtig. Vielleicht der Grund, warum er immer so schnell mit dem Revolver droht. Im Streit erschießt er einen Hufschmied. In wie viele tödlich endende Streitigkeiten Billy verwickelt ist, weiß niemand. Angeblich hat er 21 Menschen auf dem Gewissen. Sicher ist, dass er mindestens vier Männer erschießt und bei fünf weiteren Morden seine Finger im Spiel hat. Die meisten Taten hängen mit dem Rinderkrieg in Lincoln County in New Mexico zusammen. Dort entbrennt ein tödlicher Streit zwischen Alteingesessenen und einem jungen englischen Rancher, für den Billy arbeitet. Es geht um Handelsvorteile und alte Rechte, also um viel Geld.

Als ihr Boss ermordet wird, schwören Billy und einige andere Cowboys Rache. Es kommt zu Überfällen, Viehdiebstählen und Schießereien. Viele Männer sterben, darunter sind auch zwei Sheriffs. Und Billy ist immer dabei.

Als das Blutvergießen nach vier Monaten vorbei ist, sieht es so aus, als wenn Billy ohne Strafe davon kommt. Aber er kann das Rauben nicht lassen und klaut erneut Vieh. Wenig später wird Pat Garrett Sheriff und beginnt sofort mit der Jagd auf den Revolverhelden. Billy gelingt es immer wieder zu entkommen. Zunächst! Zwei Gefängniswärter sind seine letzten Opfer. Dann kommt die schicksalhafte Nacht des 14. Juli. Die Nacht, in der Billy das Glück verlässt ...

Wie aus Freunden Feinde werden

Pat Garrett (Foto unten) und Billy freunden sich im Saloon von Fort Sumner an, in dem Pat als Barkeeper arbeitet. Doch dann wird Pat zum Sheriff ernannt. Sein erster Auftrag: Billy zu fangen. Prämie: 500 Dollar. Aus Freunden werden Feinde. Pat jagt Billy ohne Gnade. Aber der entwischt ihm immer wieder. Dann stellt Pat ihm eine Falle.

Weil er Billy the Kid ohne Vorwarnung erschossen hat, verachten ihn viele Menschen.

JESSE JAMES

Kaltblütiger Bankräuber

Noch nie hat es jemand in Amerika gewagt, am helllichten Tag eine Bank zu überfallen. Aber Jesse James und seine Reiterbande riskieren es. Kaltschnäuzig bedrohen sie den Kassierer, rauben 70000 Dollar und reiten johlend davon.

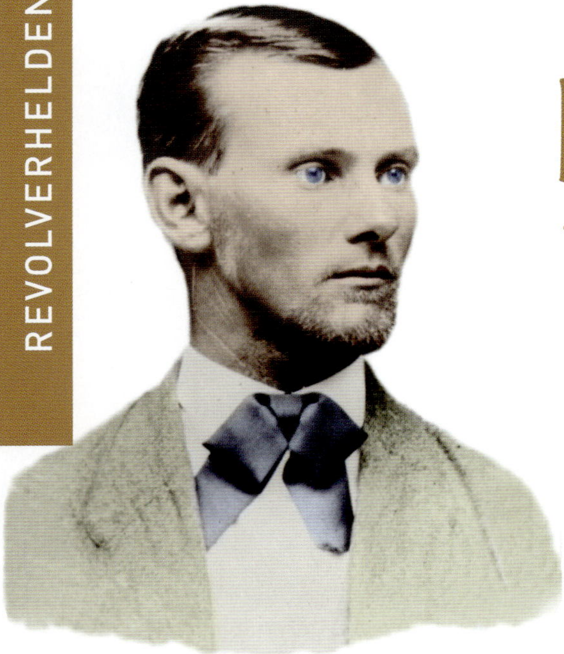

Schmale Lippen, strenger Blick: Jesse James (1847-1882) geht bei seinen Raubüberfällen kompromisslos und kaltblütig vor. Er tötet viele Unschuldige. Auf der anderen Seite ist er ein warmherziger Familienmensch

Auf ihrer wilden Flucht erschießt die Bande einen Studenten, der zufällig in der Nähe des Tatorts ist. Der dreiste Überfall in Missouri ist das erste brutale Verbrechen der berüchtigten James-Bande. Deren führende Köpfe sind die Brüder Jesse und Frank. Das alles geht auf ihr Konto: mindestens zwölf Bankraube, sieben Überfälle auf Züge und fünf auf Postkutschen. Ihre Taktik: überraschende Angriffe aus dem Hinterhalt. Diese Vorgehensweise haben die Brüder im amerikanischen Bürgerkrieg gelernt. Jesse ist verwegener und kaltblütiger als der ruhige Frank. Obwohl sie meistens blutig sind, stoßen ihre Banküberfälle bei der ländlichen Bevölkerung auf Sympathie. Die Farmer hassen die Banken, weil sie hohe Zinsen für Kredite verlangen. Aber die Farmer brauchen das Geld, um die während des Bürgerkrieges verwüsteten Felder wieder in Ordnung zu bringen. Jesse wird so etwas wie ein Held der Südstaaten. Manch Zeitung berichtet sogar respektvoll von Jesses Taten und veröffentlicht seine Briefe.

Die beraubten Zuggesellschaften dagegen setzen Detektive auf ihn an. Jesse gelingt es zwar immer wieder, sich zu verstecken, aber seine Bande zerfällt. Viele Banditen sind verhaftet oder erschossen worden. Und fast scheint es, dass Jesse ein bürgerliches Leben aufnimmt. Er mietet unter dem Namen Howard für sich und seine Frau Zee ein Haus an und hat zwei Kinder. Aber dann juckt es ihn wieder in den Fingern. Er gründet eine neue Bande, doch die Männer streiten sich. Und mehrere Mitglieder spionieren für die Polizei. Die hat inzwischen eine hohe Belohnung auf Jesse ausgesetzt. Darauf ist das Bandenmitglied Bob Ford besonders scharf. Am 3. April 1882 erschießt er Jesse hinterrücks ...

Jesses Mörder Bob Ford. Der junge Mann mit dem Milchgesicht erschleicht sich Jesses Vertrauen. Er wohnt sogar mit ihm im gleichen Haus und erschießt Jesse in dem Moment, als der Bandenchef auf einen Stuhl steigt, um ein Bild an der Wand zu befestigen

WILD BILL HICKOK

Eitel und spielsüchtig

In der einen Hand ein Whiskyglas, in der anderen ein Pokerblatt. Den Colt griffbereit im Halfter. So kennt man Wild Bill Hickok, den schießwütigen Revolverhelden.

Asse und Achten hält Bill Hickok (1837 –1876) in der Hand, als er hinterrücks erschossen wird. Seitdem heißt dieses Blatt „Dead Man's Hand" (Tote Mann-Blatt)

Hickok (rechts im Bild) im Gefecht mit anderen Revolvermännern. Immer wenn er spürt, dass etwas nicht stimmt oder eine Gefahr droht, zieht er seinen Colt und schießt

Schnell ziehen kann James Butler Hickok, wie er richtig heißt, schon in seiner Jugend. Seinen Spitznamen erhält er, als er bei einem Duell gleich drei Mitglieder einer berüchtigten Bande erschießt. Anders als die meisten seiner Zeitgenossen legt Bill viel Wert aufs Äußere. Er trägt langes, gelocktes Haar und einen sehr gepflegten Schnurrbart. Seine Lieblingskleidung: karierte Hosen und Seidenweste. Zeitweise soll er sogar ein Korsett getragen haben, um seine Figur hervorzuheben. Er arbeitet als Farmhelfer, Postkutscher und als Kundschafter und Späher bei der Armee. Sein Revolver sitzt immer locker. Wild Bill prahlt damit, dass er um die Hundert Menschen erschossen hat. In Wirklichkeit hat er wohl weniger als zehn Menschen auf dem Gewissen. Obwohl er es mit der Wahrheit, wie mit dem Gesetz, nicht so genau nimmt, wird er Sheriff. Viele Städte heuern damals einen Killer als Sheriff an, um andere Mörder und Gangster abzuschrecken. Bill ist jedoch mehr im Saloon anzutreffen als in seinem Büro.

Er liebt das Pokerspiel und den Whiskey zu sehr. Als er versehentlich seinen Hilfssheriff erschießt, verliert er seinen Job. Vermutlich hat er schon zu dieser Zeit nicht mehr richtig sehen können. Denn er hat eine Augenkrankheit, was er aber niemandem verrät. Dann zieht er mit Buffalo Bills Wild-West-Show durch die USA. Für kurze Zeit scheint sich das Blatt zu wenden. Bill heiratet, verlässt aber seine Frau nach nur zwei Monaten. Es zieht ihn wieder an den Pokertisch. Dort wird der Revolverheld von hinten erschossen – mitten im Spiel.

JOHNNY RINGO

Eigentlich ist Johnny Ringo (1850-1882) ein gebildeter Mann. Er kann sogar Shakespeare zitieren. Aber als er Zeuge wird, wie sich sein Vater versehentlich mit einer Schrotflinte erschießt, bricht für ihn eine Welt zusammen. Johnny beginnt zu trinken und greift beim geringsten Anlass zum Revolver. Er zieht schnell und zählt bald zu den bekannten Revolvermännern im Wilden Westen. Wie viele Männer er getötet hat, ist nicht bekannt. Fest steht, dass er einen Riesenhass auf die berühmten Brüder Earp und Doc Holliday hat. Sie haben im Duell seine besten Freunde erschossen. Angeblich will er sie rächen. Er soll aus dem Hinterhalt auf Wyatt Earp geschossen haben und wird auch mit einem Mordanschlag auf Wyatts Bruder Morgan in Zusammenhang gebracht. Ringo wird am 14. Juli 1882 mit einem Loch im Kopf unter einem Baum gefunden. Wer sein Mörder war, wurde nie geklärt.

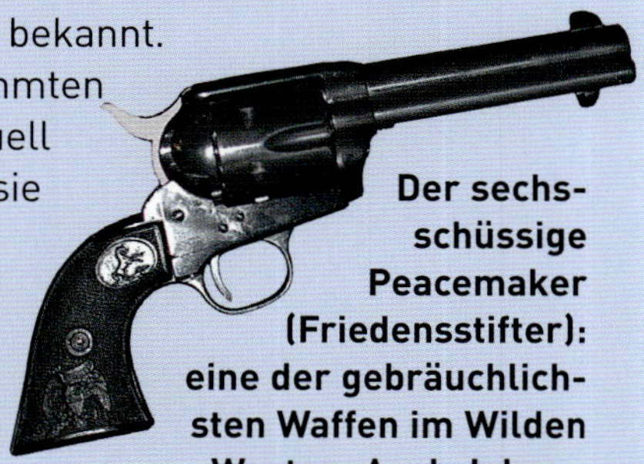

Der sechsschüssige Peacemaker (Friedensstifter): eine der gebräuchlichsten Waffen im Wilden Westen. Auch Johnny Ringo hat solch einen Colt

WYATT EARP

Revolvermänner werden nicht alt. Meistens erwischt sie schon in jungen Jahren eine Kugel. Umso erstaunlicher, dass Wyatt Earp, einer der berühmtesten Westernhelden, 80 Jahre alt wird. Viele Jobs übt der Überlebenskünstler aus: Postkutschenfahrer, Farmer, Büffeljäger, Saloon- und Spielhallenbesitzer – und natürlich Revolvermann. Vom Gesetz hält er nicht viel. Wyatt muss sich wegen Pferdediebstahl, Schlägerei und Mord vor Gericht verantworten. Aber er ist raffiniert und übersteht sämtliche Prozesse genauso unbeschadet wie seine unzähligen Schießereien und Duelle. Mehrmals arbeitet er als Sheriff in verschiedenen Städten. Die Jobs hat er jedoch nie lange. Es gibt unterschiedliche Aussagen über seine Arbeit als Sheriff. Mal wird sein Pflichtbewusstsein hochgelobt, mal soll er öffentliche Gelder in die eigene Tasche gesteckt haben. Fest steht: Sein Colt mit dem auffällig langen Lauf sitzt stets locker. In Tombstone, wo er mit seinen Brüdern Morgan und Vergil wohnt, kommt es zu einem blutigen Revolverkrieg mit einem Cowboy-Clan. In dessen Verlauf befördert Wyatt gleich mehrere Männer ins Jenseits. Erst mit zunehmendem Alter wird Wyatt ruhiger. Er sucht sein Glück im Spiel, betreibt erst in Dodge City, dann in San Diego mehrere Glücksspielhäuser. Mit von der Partie ist Josie Marcus, seine Frau. Sie hält ihm die Hand, als er nach langer Krankheit für immer die Augen schließt.

Schnell mit dem Colt, unberechenbares Wesen: Wyatt Earp (1848 – 1929) hat viele Menschen auf dem Gewissen. So wie diesen Mann im Heu, einen Bandenchef. Erleichtert blicken einige Männer aus der Stadt auf den Toten

BUTCH CASSIDY & SUNDANCE KID

Vorsichtig legt Butch Cassidy (1866-1908) eine Stange Dynamit unter den Paketwagen. Dann ein mächtiger Knall. Die Wucht der Explosion reißt ein Riesenloch in den Waggon. Eine weitere Stange Sprengstoff jagt den Safe in die Luft. In Windeseile stopfen Cassidy und sein Kumpel Sundance Kid (1867-1908) Goldmünzen und Scheine in zwei große Säcke und galoppieren davon. Der erste Zugüberfall der Bande „Wild Bunch" (Wilder Haufen), die zwischen 1896 und 1901 mehr als ein Dutzend Banken und Züge ausraubt. Das besondere an den Überfällen: Es gibt keine Toten. Butch Cassidy, der Anführer, ist strenggläubig und hat sich geschworen, Menschenleben zu schonen. Begonnen hat er als Viehdieb, beklaut aber nur reiche Farmer. Deswegen mögen und schützen ihn die kleineren Farmer. Die Eisenbahngesellschaft Union Pacific und die Behörden versuchen jedoch alles, um die Bande zu fangen. Sie heuern Revolvermänner an, die auf den Zügen mitfahren und Jagd auf die Bande machen. Der Boden in den USA wird schließlich für Butch Cassidy und Sundance Kid zu heiß. Sie fliehen nach Südamerika, wo sie nach der gleichen Masche Züge und Banken ausrauben. Wie das Gaunerduo endet, ist nicht genau überliefert. Eine Version lautet, dass die beiden in Bolivien von Soldaten erschossen worden sind.

Harmlos und nett sehen die Mitglieder von Butch Cassidys Bande „Wild Bunch" (Wilder Haufen) aus. In Wahrheit sind sie alle Revolvermänner. Rechts im Bild der Anführer, links Sundance Kid

TOM KETCHUM

Im Galopp heranreiten, wild herumballern und zuschlagen: Wie viele Züge Tom Ketchum mit seiner Bande ausgeraubt hat, ist nicht überliefert. Aber die Taktik muss so gut geklappt haben, dass Tom übermütig wird und allein einen Zug angreift. Ein verhängnisvoller Fehler. Denn der Schaffner erkennt den herangaloppierenden Gangster und schießt ihn mit seinem Gewehr aus dem Sattel, noch bevor Tom seinen Revolver ziehen kann. Schwer verwundet liegt Ketchum im Staub der mexikanischen Wüste. Der Sheriff und zwei Männer haben leichtes Spiel, ihn festzunehmen. Ein großer Fang. Tom Ketchum ist nicht nur ein berüchtigter Zugräuber, sondern auch ein Mörder. Mindestens drei Menschen hat der Ex-Cowboy auf dem Gewissen. Er wird wegen Raub und Mord verurteilt und gehängt.

Tod am Galgen: Wegen Raub und Mord wird Tom Ketchum (1863-1901) gehängt. Links: Tom als Gentleman

Macht und Ruhm um jeden Preis

Macht hat keine Freunde, sagt ein altes chinesisches Sprichwort. Das gilt für die meisten Herrscher, heute und zu früheren Zeiten. Viele denken nur an sich selbst und nicht an die Menschen in ihrem Land. Sie missbrauchen die Macht, um ihren Reichtum, ihren Ruhm und ihren Einfluss noch zu vergrößern. Manche scheuen sogar vor brutaler Gewalt nicht zurück – und werden zu grausamen Tyrannen.

Brutal, unbarmherzig und gnadenlos:
Vlad III. (1431 - 1476) befiehlt hier die Hinrichtung von Gefangenen. Er kennt keine Gnade, auch wenn ihn Untergebene darum bitten. Der Herrscher der Walachei brüstet sich damit, das Blut seiner Feinde zu trinken. Diese absonderliche Vorliebe dient unter anderem als Vorbild für die Dracula-Figur in Romanen und Filmen

VLAD TEPES III.

Er ist der wirkliche Graf Dracula

Als blutsaugender Vampir geistert Graf Dracula durch zahllose Gruselromane und Horrorfilme. Aber diesen schaurigen Fürsten der Finsternis gab es in Wirklichkeit nicht. Wohl aber Vlad III., der im 15. Jahrhundert in der Walachei herrschte. Seine Gräueltaten sind noch gruseliger als die erfundenen Vampir-Geschichten.

Vlad III. sieht ganz anders aus als der Vampir-Graf in den Dracula-Büchern und -Filmen. Während man sich Dracula als schmächtige Gestalt mit dünnen silbrigen Haaren und leichenblassem Gesicht vorstellt, ist Vlad III. ein breitschultriger Kerl mit Stiernacken und langen schwarzen Locken. Seine grün funkelnden Augen und seine Adlernase geben ihm ein bedrohliches Aussehen. So beschreibt ihn jedenfalls ein damaliger Gesandter des Papstes am ungarischen Hof. Mit der Dracula-Figur verbindet Vlad III. nur sein Beiname Draculea. Das bedeutet Drachensohn. Sein Vater war Vlad II. Dracul (Drache), und der war Ritter des Drachenordens. Der Fürstensohn ist 14 Jahre alt, als ihn die Türken als Geisel mitnehmen. Die herrschten damals über seine Heimat, die Walachei, und den Balkan. Bei den Türken wird der junge Vlad von seinen Wärtern brutal gequält. Er lernt dort auch das Pfählen kennen, eine der abscheulichsten Foltermethoden. Hierbei werden den Opfern bei lebendigem Leibe von hinten Pfähle in den Körper getrieben. All das hat der junge Vlad mit ansehen müssen.

Friedhofsruhe im ganzen Land

Vielleicht ist das eine der Ursachen für die menschenverachtende und grausame Weise, mit der Vlad III. später selber Angst und Schrecken verbreitet. Denn das Pfählen wird auch zum Kern seiner brutalen Herrschaft, als er 1456 den Thron der Walachei erobert.
Seine erste Amtshandlung: Er lässt die Adligen pfählen, die angeblich mit dem Feind zusammengearbeitet haben. Die abscheuliche Todes-

Vlad III. richtet seine Feinde hin, indem er sie aufspießen lässt. Deswegen wird er auch der „Pfähler" genannt. Diebe, Betrüger und Räuber bestraft der brutale Herrscher auf gleiche barbarische Weise

Adlernase, lange schwarze Locken und Kopfschmuck, der mit Edelsteinen und Perlen verziert ist: ein zeitgenössisches Porträt Vlads III. Hinter seinem energischen Blick lauern blutrünstige Gedanken

Der freundliche Empfang täuscht: Weil sie ihre Turbane nicht abnehmen wollen, lässt Vlad III. die Abgesandten des türkischen Sultans gefangen nehmen. Dann schlagen seine Leibwächter Nägel durch die Turbane...

folter droht aber nicht nur jedem, der ihm im Weg steht, sondern auch Dieben, Räubern, Lügnern und Betrügern. Die Gepfählten stellt der blutrünstige Fürst tagelang in seiner Hauptstadt Targoviste zur Schau, als abschreckendes Beispiel. Außerdem lässt Vlad III. eine goldene Schale mit Wasser offen auf den Marktplatz stellen. Daraus darf jeder trinken. Aber niemand wagt es, die Schale zu stehlen. Nun herrscht Frieden in der Walachei, weswegen sogar der Handel aufblüht. Ein zweifelhafter Erfolg. Vlad festigt auf diese Weise seine Macht.

Hunderte Gefangene lässt er töten

Dann nimmt der „Pfähler", wie er inzwischen genannt wird, den Kampf gegen die türkischen Besatzer auf. 1462 überfällt er mit einem Heer das Lager der Türken südlich der Donau. Der Angriff scheitert. Danach rückt die türkische Armee mit 150000 Mann an. Aber der hinterlistige Vlad lässt alle Brunnen in der Umgebung der Hauptstadt vergiften und alle türkischen Einwohner gefangen nehmen. Als das unter Durst leidende türkische Heer schließlich Targoviste erreicht, erwartet die Soldaten ein grauenhafter Anblick: Hunderte von gepfählten türkischen Gefangenen. Geschockt und völlig entkräftet treten die Soldaten des Sultans den Rückzug an. Vlad lässt die Nachricht verbreiten, dass er das Blut seiner Opfer trinke.

Dieses Gerücht und seine Gräueltaten sind es wohl, die Vlad zum Vorbild für die späteren Vampirgeschichten machen.
Die Türken fangen ihn schließlich ein, schlagen ihm den Kopf ab und stellen ihn zur Schau. Vlads Leichnam soll im Kloster von Snagov (bei Bukarest) beigesetzt worden sein. Als man das Grab 1931 öffnete, ist es leer ...

Als die Türken eine Stadt in der Walachei zurückerobern, bietet sich ein grauenvoller Anblick. Überall liegen die Leichen türkischer Bewohner, die Vlad umbringen ließ

Was ist ein Vampir?

Vampire gibt es nicht in der Wirklichkeit, sondern nur als Figuren in Büchern und Filmen. Es sind Wesen, die eigentlich tot sind, die aber nachts aus ihren Gräbern steigen und sich auf die Jagd nach menschlichem Blut machen. Dem Opfer saugen sie dann mit ihren spitzen Zähnen das Blut aus. Im Mittelalter entstanden die meisten Vampirgeschichten. Die Menschen suchten Ursachen für unerklärliche Ereignisse. So glaubten sie zum Beispiel, dass es ein Vampir war, wenn ein Mensch im Dorf unerwartet starb.

NERO

Hat er Rom angezü

Rom im Juli des Jahres 64 nach Christus: Die Stadt brennt lichterloh. Gebäude stürzen ein, Menschen schreien und sterben. Auf einem Hügel in sicherer Entfernung berauscht sich ein Mann an den Flammen, die in der Stadt wüten. Er trägt ein Theatergewand und zitiert Verse. Es ist Nero, der Kaiser. Warum freut er sich? Hat er etwa selbst die Stadt angezündet?

ndet?

Tatsächlich tauchen solche Behauptungen auf, viele Jahre später, nach Neros Tod. Dafür, dass er es wirklich war, gibt es jedoch keinen Beweis. Richtig ist vermutlich, dass sich Nero zum Zeitpunkt des Brandes gar nicht in Rom aufhält. Und dass das Feuer durch Unachtsamkeit in den Armenvierteln in der Nähe des Circus Maximus entsteht. Trotzdem geht Nero als Brandstifter in die Geschichte ein. Vielleicht, weil man ihm alles zutraut und wohl auch deswegen, weil er nach dem Brand anordnet, ein neues und schöneres Rom aufzubauen – genau nach seinen Vorstellungen. Für sich selbst lässt Nero ein riesiges, prunkvolles Anwesen errichten, mit vielen Kunstwerken – die Domus Aurea, das Goldene Haus.

Größenwahnsinnig und skrupellos

Weil Nero einen Schuldigen für die Brandkatastrophe braucht, schiebt er das Feuer den römischen Christen in die Schuhe und lässt viele von ihnen hinrichten, verbrennen oder wilden Tieren vorwerfen. Kaum zu glauben, dass er zu solchen Schandtaten fähig ist, denn er wird in seiner Jugend vom klugen und ehrbaren Philosophen Seneca erzogen.
Und als Nero mit 17 Jahren Kaiser wird, beginnt er überraschend fortschrittlich

Nero im Theatergewand und mit Lorbeerkranz auf dem Kopf. Der Kaiser interessiert sich mehr für Kunst und Theater als für die Staatsgeschäfte. Er ist ein Tyrann und Gewalttäter, aber kein Brandstifter. Nero hat Rom nicht angezündet, was neue Forschungen beweisen

Massenspektakel wie Wettkämpfe treffen Neros Geschmack, wenn sie nicht blutrünstig sind. Denn im Grunde seines Herzens verabscheut der Kaiser Gewalt. So verbietet er, dass die Gladiatorenkämpfe bis zum bitteren Ende geführt werden, selbst wenn die Gladiatoren zum Tode verurteilt sind. Das Bild rechts zeigt einen ungleichen Kampf: Hier müssen sich Christen gegen bewaffnete Soldaten wehren

Porträt von Nero: Der Kaiser hat sich mit der Miene eines entschlossenen Staatsmannes verewigen lassen

zu regieren: Er gewährt dem Senat größere Redefreiheit und modernisiert die Finanzverwaltung.
Als Richter schickt er verurteilte Sklaven lieber zur Zwangsarbeit anstatt sie hinrichten zu lassen. Und er fördert die Naturwissenschaften. Ganz besonders viel Geld steckt er in die Unterstützung von Kunst und Kultur.
Kein Wunder: Nero spielt selber Leier, ein griechisches Saiteninstrument. Der Kaiser versteht sich als großer Künstler. Trotz dieser fortschrittlichen Ideen entwickelt sich Nero mehr und mehr zu einem Egoisten und Gewalttäter: Als seine Mutter ihn mithilfe von Verschwörern aus seinem Amt treiben will, lässt er sie kurzerhand umbringen. Seine erste Frau, Octavia, zwingt der Kaiser zum Selbstmord. Seine zweite Frau, Poppea, tötet er angeblich durch einen Tritt in den Bauch, als sie schwanger ist. Zeugen gibt es nicht. Sicher ist nur, dass Poppea

während ihrer Schwangerschaft stirbt. Zu der Zeit, in der es in Neros Familie so turbulent zu geht, hängt er ganz anderen Gedanken nach. Es ist die Zeit nach der Brandkatastrophe von Rom. Der Kaiser ist besessen von der Idee, Rom noch schöner und größer zu errichten als je zuvor. Aber Neros Traum ist der Anfang vom Ende ...

Nero plündert alle Goldvorräte Roms

Der Wiederaufbau verschlingt eine Unmenge Geld und leert die Staatskasse. Nicht einmal den Sold für seine Soldaten kann Nero noch zahlen. Deshalb greift der Kaiser zu radikalen Mitteln: Er hebt die Steuern drastisch an und lässt die Goldvorräte Roms plündern. All das wird dem Adel im Senat zuviel. Einige Senatoren hecken ein Attentat auf Nero aus, doch der Plan fliegt auf. Der Kaiser nimmt grausame Rache an den Verschwörern und lässt später weitere Adlige umbringen, die ihm gefährlich werden können. Er selbst gibt sich ganz dem Vergnügen hin, nimmt an den olympischen Spielen in Griechenland teil, lässt in Rom Wettspiele veranstalten – und tritt selbst als Künstler auf. Als Musiker und als Dichter kann der selbstverliebte Nero auf der Bühne alles um sich herum vergessen. Doch als Kaiser verliert Nero, der immer öfter in der Aufmachung eines volkstümlichen Sängers auftritt, mehr und mehr an Ansehen. Es kommt zum Aufstand gegen ihn. Nero muss aus Rom fliehen, wird aber gefasst. Er versucht sich daraufhin zu töten, bringt es aber nicht fertig. Er zwingt einen Sklaven, ihm den Dolch in die Kehle zu stoßen. Sterbend soll er noch geröchelt haben: „Welch ein Künstler geht an mir zugrunde!"

Wagenrennen

Kaiser Nero, der alles bewundert, was griechisch ist, nimmt auch an den olympischen Spielen teil. Im Jahr 67 nach Christus tritt er mit großem Prunk im griechischen Olympia an. Zuvor hat er den olympischen Zeitplan geändert und die Spiele um ein Jahr vorverlegt – auf einen Termin, der ihm passt. Er startet in seiner Lieblingsdisziplin, dem Wagenrennen. In dem Rennen darf kein anderer starten. Nero beginnt mit Tempo, wirft sein Gefährt jedoch in einer Kurve um. Trotzdem wird er zum Sieger erklärt. Kein Wunder, er hat vorher die Kampfrichter bestochen.

Das Wagenrennen im riesigen Circus Maximus in Rom: Zu den Wettkämpfen kommen bis zu 200 000 Zuschauer

Rücksichtslos, aber weitsichtig: Herodes (73 - 4 vor Christus), von den Römern zum König gemacht, übt seine Herrschaft mit beispielloser Härte aus

HERODES

Doch kein Kindermörder

Ein Engel erscheint eines Nachts Joseph, dem Vater von Jesus, im Traum und befiehlt ihm: „Steh auf, nimm das Kind und seine Mutter, und flieh nach Ägypten!" Denn König Herodes will alle neugeborenen männlichen Kinder in Bethlehem töten lassen.

Der Kindermord von Jerusalem hat wohl nie stattgefunden. Trotzdem gibt es viele Bilder darüber - wie unten. Dort fliehen Frauen in Todesangst mit ihren Kinder auf dem Arm. Die Männer im Hintergrund sollen die Mörder sein, die angeblich in Herodes Auftrag handeln

So steht es in der Bibel. Und so geht Herodes in viele Geschichten als Kindermörder ein. Aber die Bibel irrt. Ein Kindermörder war Herodes nicht. Denn Herodes der Große, König in der römischen Provinz Judäa, stirbt bereits im Jahre 4 vor Christus. Das heißt, zum Zeitpunkt der Geburt des Jesuskindes lebt er schon nicht mehr. Somit ist er vom Kindsmord freizusprechen. Aber auch ohne den Kindermord von Bethlehem ist Herodes unglaublich bösartig. Er ist verantwortlich für mehrere Morde: Er lässt seinen Schwager Aristobulus ertränken und seine zweite Frau, Mariamne, hinrichten. Auch ihre beiden Söhne hat er auf dem Gewissen, ebenso seinen ältesten Sohn. Herodes war zehn Mal verheiratet, zeitweise mit mehreren Frauen gleichzeitig. Nicht unüblich im alten Orient. Ungewöhnlich ist aber sein herzloses und hinterlistiges Verhalten. Kurz vor seinem Tod ordnet er an, die angesehensten jüdischen Bürger einzukerkern. Sie sollen bei seinem Tod ermordet werden, damit bei seinem Begräbnis reichlich Tränen fließen. Herodes ist auch aus anderen Gründen bei seinen jüdischen Untertanen unbeliebt: Er ist von Rom als deren König eingesetzt worden, obwohl er selbst nur Halbjude ist. Außerdem knebelt er sein Volk mit hohen Steuern. Trotz allem gilt Herodes als kluger Politiker und erfolgreicher Bauherr. Er lässt im trockenen Land Wasserleitungen legen und neue Städte errichten. Sein größtes Bauwerk: der mächtige Tempel in Jerusalem.

Wahnsinnig und grausam

Als die Gesandten aus Sibirien zum russischen Zar vorgelassen werden, sind sie voller Zuversicht. Doch Iwan IV. hört sie gar nicht an. Er lässt sie mit Wodka übergießen. Dann gibt er den Befehl, ihnen die Haare anzuzünden ...

Irrer Blick, grausame Miene: Iwan IV. (1530 – 1584). Seine Untertanen geben ihm den Beinamen „der Schreckliche". Wohl zu Recht

Diese Quälerei ist nur eine der vielen unberechenbaren Bösartigkeiten, für die der Zar Iwan IV. berüchtigt ist. Kein Wunder, dass er den Beinamen „der Schreckliche" trägt. Schon als Kind reitet er angeblich durch Moskau und schlägt Menschen, die nicht schnell genug zur Seite springen, mit der Knute ins Gesicht. Er selber wurde als Kind auch gequält, von den Bojaren. Das ist damals in Russland der mächtige höhere Adel. Vielleicht kommt daher die sadistische Neigung Iwans.

Im Zorn tötet er seinen eigenen Sohn

Er ist einerseits aufbrausend und erbarmungslos und andererseits fromm und abergläubisch – eine unheilvolle Mischung. Im Zorn erschlägt er sogar seinen eigenen Sohn. Aber die schlimmste Gräueltat lässt er seine Geheimpolizei begehen: Die Bewohner der Stadt Nowgorod haben angeblich mit den Feinden des Reiches, Schweden und Livland, zusammengearbeitet. Beweise gibt es nicht. Trotzdem lässt Iwan die ganze Stadt umzingeln. Auf seinen Befehl hin metzeln seine Leute alle männlichen Bewohner nieder. Kinder und Frauen ertränken sie im Fluss.
Wie sehr der Zar sein eigenes Volk verachtet, zeigt folgende Gewohnheit: Wohlmeinend lässt er die Wünsche seiner Untertanen in einem Korb im Palast sammeln. Gelesen oder gar erfüllt hat er keine einzige Bitte.
Trotz seines menschenverachtenden Charakters ist Iwans Politik erfolgreich: Er reformiert Verwaltung, Rechtswesen und Armee. Sein Heer erobert weite Gebiete Sibiriens. Und Iwan macht aus dem kleinen Moskauer Fürstentum ein russisches Großreich.
In seinen letzten Lebensjahren dreht er völlig durch: Angeblich sucht er Trost bei Hexen und Zauberern und läuft heulend durch den Kreml. 1584 stirbt Iwan unter unklaren Umständen. Es gibt Gerüchte über ein Mordkomplott ...

Furchtbar: In rasendem Zorn erschlägt der Zar seinen Sohn, um ihn gleich darauf zu beweinen und Buße zu geloben.

Blutiger Bürgerkrieg: Als Sulla mit der Armee in Rom einmarschiert, kennen seine Soldaten keine Gnade

SULLA

Er will Macht um jeden Preis. Dafür tut der römische Feldherr Sulla etwas, was vorher undenkbar schien: Er marschiert mit seinen Truppen gegen die eigene Hauptstadt. Jahrhundertelang durfte kein Feldherr die heilige Stadtgrenze Roms überschreiten, aber Sulla bricht dieses Gesetz. Dieser Mann, der mit Haut und Haar Soldat ist und aus verarmten Adel stammt, dient sich in der Armee bis zum Befehlshaber hoch.
Aber dann setzt ihn der Senat plötzlich ab. Ausgerechnet sein alter Rivale Marius soll nun das Heer führen. Sulla ist erbost, denn damit verschwindet für ihn die Aussicht auf Ruhm und Beute. Geplant war ein Feldzug gegen den reichen König Mithridates. Stattdessen überfällt Sulla jetzt wütend mit seiner Armee Rom und vertreibt seine politischen Gegner. Angeblich lässt er schon damals Dutzende Menschen töten. Aber noch schlimmer wütet er, als er ein Jahr später abermals in Rom einmarschiert. Grund: Seine Gegner haben dort wieder die Macht übernommen, während er mit seinem Heer nun endlich gegen Mithridates zu Felde zieht. Sullas Rache ist mörderisch: Tausende Menschen werden verfolgt und grausam umgebracht. Sich selbst ernennt Sulla zum Diktator. Drei lange Jahre dauert der Terror. Dann ist sein Rachedurst gestillt. Sulla dankt überraschend ab und zieht sich auf sein Landgut zurück. Rom atmet auf. Wenige Monate später stirbt Sulla an einem Blutsturz.

Mörderischer Rächer: Feldherrr und Diktator Sulla (134 – 78 vor Christus)

CALIGULA

Das ist mehr als Tierliebe: Incitatus, das Pferd des römischen Kaisers Caligula (12 – 41 nach Christus), lebt in einem Marmorstall und speist aus einer Krippe aus Elfenbein. Eines Tages ruft Caligula das Pferd sogar zum Konsul aus. Das ist das höchste politische Amt nach dem Kaiser. Für viele Historiker heute der Beweis, dass Caligula verrückt war. Andere Experten glauben, dass Caligula ein kluger Kopf war und ernste Absichten verfolgte: Die Ernennung des Pferdes gilt als eins von vielen Mitteln, den Senat lächerlich zu machen. Der ist so etwas wie der Bundestag heute bei uns, aber im alten Rom besteht der Senat fast nur aus Adligen. Und Caligula hat damals nur ein Ziel: die Adligen zu entmachten und allein zu herrschen. Um das zu erreichen, ist ihm jedes Mittel recht, auch Mord. Mindestens 36 Mitglieder der Oberschicht lässt er foltern und hinrichten. Manchmal sieht er sogar zu. Er wird nur 29 Jahre alt und fällt nach vierJahren Regierungszeit einem Anschlag zum Opfer. Caligula ist übrigens sein Spitzname und bedeutet Stiefelchen. Eigentlich heißt er Caesar Augustus Germanicus. Aber weil er als Kind unter Soldaten aufwuchs und Soldatenschuhe trug, wurde er Stiefelchen genannt.

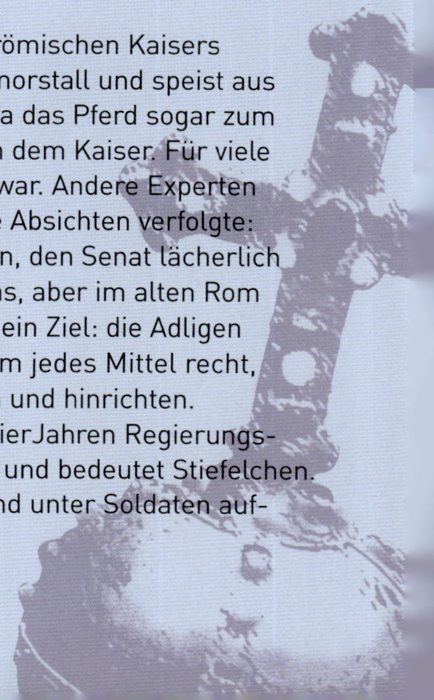

CESARE BORGIA

Meuchelmord, Intrige, Verrat und Krieg – dies ist der Hintergrund für eine der glanzvollsten Epochen der europäischen Kultur: der Renaissance (etwa Ende des 14. bis 16. Jahrhunderts). Eine Familie tut sich vor allen Dingen mit Gewalttaten hervor: die Borgia. Besonders berüchtigt: Cesare Borgia (1475 – 1507), Sohn des Papstes Alexander VI. Damals ist es nicht ungewöhnlich, dass das Oberhaupt der Kirche Kinder hat. Ungewöhnlich in diesem Fall ist aber, dass der Papst sich zu seinem Sohn bekennt. Cesare, der erst Bischof und dann Kardinal wird, tauscht das Kirchengewand gegen die Ritterrüstung und wird Heerführer. Mit beispielloser Grausamkeit erobert er mit seinen Kriegern Stadt um Stadt. Die Bevölkerung zittert unter der Schreckensherrschaft Cesares, der sich nunmehr Herzog der Romagna nennt. Als sein Vater, der Papst, stirbt, zerfällt Cesares Macht so schnell, wie er sie sich zusammengeraubt hat. Papst Julius II. nimmt den Tyrannen gefangen und verbannt ihn nach Spanien. Dort wird Cesare von beauftragten Mördern erschlagen.

MARIA I.

Sie ist die erste Frau auf dem Thron Englands, aber sie ist nicht gerne Königin: Maria I. regiert nur fünf Jahre (1553 - 1558). Trotzdem verbindet sich mit ihrem Namen eines der dunkelsten Kapitel der Geschichte Englands. Maria I. ist die Frau, unter deren Herrschaft 300 Menschen den Flammentod auf dem Scheiterhaufen finden. Fromm ist sie und streng katholisch. Als sie auf den Thron kommt, hat sie nur einen Wunsch: Sie will in England die katholische Kirche wieder herstellen. Ihr Vater Heinrich VIII. war es, der sich vom Papst losgesagt und sich selbst zum Oberhaupt der englischen Kirche gemacht hatte. Seitdem haben die Protestanten die Oberhand. Maria will mit aller Macht das Rad wieder zurück drehen: Sie lässt mit Feuer und Schwert alle die bekämpfen, die die katholische Kirche nicht als einzige Kirche von Gottes Gnaden anerkennen wollen. Wer sich nicht zum katholischen Glauben bekehren lässt und einer anderen Glaubensrichtung anhängt, wird gnadenlos verfolgt. Wie zum Beispiel Lady Jane Grey.

Strenggläubige Katholikin: Maria I. (1516 –1558) trägt den Beinamen „Die Blutige" (englisch: Bloody Mary), weil sie den katholischen Glauben mit rücksichtsloser Härte wieder in England einführt.
Links: Die Enthauptung ihrer Gegenspielerin Lady Jane Grey

MÖRDER

Grausam und ohne Erbarmen

Sie sind Massenmörder: Fritz Haarmann und Gilles de Rais. Ihre entsetzlichen Taten entziehen sich jeglicher Vorstellungskraft! Aber im Grunde ist jeder Mord furchtbar und man fragt sich: Warum töten Menschen? Was geht in ihnen vor, wenn sie zu Mördern werden?

FRITZ HAARMANN

Die „Bestie" mit Beil und Säge

Der 17. Mai 1924 ist ein sonniger Tag. Am Ufer des Flusses Leine spielen Kinder. Plötzlich schreit ein Kind vor Schreck auf. Es hat etwas Entsetzliches entdeckt: einen Totenschädel, der sich im Ufergras verfangen hat ...

Der Mörder in Handschellen. Haarmanns Festnahme ist so sensationell, dass sogleich ein Foto gemacht wird. Das Bild geht später um die ganze Welt

In diese Dachkammer lockt Fritz Haarmann seine Opfer. Er erwürgt sie und zerteilt die Leichen anschließend mit Axt und Säge. Im Zusammenhang mit seinen furchtbaren Morden entsteht später ein makabrer Abzählreim, der mit den Worten „Warte, warte nur ein Weilchen" ... beginnt

Drei Tage später werden zwei weitere Menschenköpfe aus dem Fluss gefischt. Die grässlichen Funde versetzen ganz Hannover in Angst und Schrecken. Wer ist der Killer, der diese furchtbaren Morde begangen hat? Wer ist sein nächstes Opfer? Die Polizei hat sofort einen Mann im Verdacht: Fritz Haarmann. Ein zwielichtiger Mensch. Mehrfach vorbestraft wegen Diebstahl und Betrug. Wegen seiner Kontakte zur Unterwelt hat er als Spitzel für die Polizei gearbeitet. Bei der Durchsuchung seiner Wohnung finden die Ermittler Kleidung von jungen Männern. Als Beweis allerdings ungeeignet, weil Haarmann einen Altkleiderhandel betreibt. Die Polizei ermittelt weiter.

Horrorfund im Fluss: 285 menschliche Knochen

Dann trifft zufällig eine Mutter, deren Sohn spurlos verschwunden ist, auf den Sohn von Haarmanns Vermieterin. Sie traut ihren Augen nicht: Dieser Mann trägt den Anzug ihres vermissten Jungen! Der Mann gibt an, dass er den Anzug von Haarmann gekauft hat. Haarmann wird festge-

nommen. Beim Verhör verstrickt er sich zusehends in Widersprüche. Der Polizei gelingt es mit einem Trick, Haarmann zu einem Geständnis zu bewegen: Ja, gesteht er, er hat junge Männer zu sich in die Wohnung gelockt. Ja, er hat sie getötet und anschließend ihre Körper zerstückelt und in die Leine geworfen. Den ermittelnden Kommissaren stockt der Atem, als er sogar von weiteren Taten berichtet.
Wenige Tage später startet die Polizei eine große Suchaktion. Dafür wird extra die Leine gestaut. Der Horrorfund im Flussbett: 285 menschliche Knochen. Später stellt sich heraus, dass das jüngste Opfer zehn Jahre alt war und das älteste 22. Was ist das für ein Mann, der mindestens 24 Menschen ermordet hat?

Haarmann wird 1879 als sechstes Kind eines Heizers geboren. Er hat wie viele andere Verbrecher eine schwierige Kindheit: Misshandlungen, Schläge. Er wird Soldat, muss aber nach wenigen Jahren das Militär verlassen. Schon damals treten Anzeichen geistiger Verwirrtheit auf, auch fällt seine Vorliebe für junge Männer auf. Einen Beruf erlernt er nicht, und es gelingt ihm nicht, ein geregeltes Leben zu führen. In den schweren Zeiten nach dem Ersten Weltkrieg schlägt er sich mit Schwarzmarkthandel und Betrügereien durch und muss mehrmals hinter Gitter. Laut Gerichtsgutachten ist Haarmann allerdings nur leicht geistig gestört und für seine schrecklichen Morde voll verantwortlich.
Der beste Beweis, dass er genau weiß, was er tut, ist sein Auftreten vor Gericht. Da sagt er: „Wenn ich normal gestorben wäre, dann wäre ich beerdigt worden und keiner hätte mich gekannt. Aber so: Amerika, China und Japan – alles kennt mich. Ich bin doch ganz berühmt." Der Serienkiller wird am 15. April 1925 enthauptet.

Überführt!

Die Polizei ist sich sicher: Haarmann ist der Mörder. Aber der streitet es ab. Die Polizei greift zu einem Trick. Sie weiß, dass Haarmann an Gott glaubt. Deshalb bringt ein Polizist jeden Abend Schädel der Opfer an seine Zelle und stellt Kerzen auf. „Die Seelen der Toten lassen dich nicht in Ruhe!", sagt er. Der Trick funktioniert. Nach kurzer Zeit legt Haarmann ein Geständnis ab.

Durchdringender Blick, aber sonst wenig auffällig: Serienmörder Fritz Haarmann (1879 –1925)

JACK THE RIPPER

Der Schrecken von London

London 1888. Die Gaslaternen werfen ein schummriges Licht im Elendsviertel Whitechapel. Fuhrmann George Cross ist hundemüde, will nur eins: nach Hause und sich schlafen legen. Da stößt er mit dem Fuß auf dem Straßenpflaster an ein Bündel ...

Nebel, eine kaum beleuchtete Straße in London und ein unheimlicher Mann mit einer geheimnisvollen Tasche: ein Ausschnitt aus einer Filmszene. Ist in der Tasche das lange Messer? Ist dieser Mann Jack the Ripper? Nicht unwahrscheinlich, dass es so gewesen sein könnte ...

Er bückt sich und schreit vor Schreck auf. Da unten liegt ein Mensch, eine Frau, furchtbar verstümmelt! Ein Schnitt geht ihr durch die Kehle. Es ist der Beginn einer unheimlichen Mordserie. Vier weitere Frauen werden innerhalb der nächsten drei Monate getötet. Alle sterben auf grausame Weise, und alle Morde tragen die gleiche bestialische Handschrift: die von Jack the Ripper (Jack, der Aufschlitzer). Unter diesem Namen wird der Mörder bekannt und in ganz London gefürchtet. Die Detektive von Scotland Yard, der englischen Polizei, versuchen verzweifelt, dem Mörder auf die Spur zu kommen. Für sie ist klar, dass es ein Serienkiller sein muss:

Bei den Mordopfern handelt es sich immer um arme Frauen, die oft alkoholkrank sind. Alle Morde geschehen im gleichen Viertel, die Opfer sind immer Prostituierte. Und sie

Die vier Hauptverdächtigen ...

Montague John Druitt: Anwalt und Lehrer. Gilt als psychisch krank

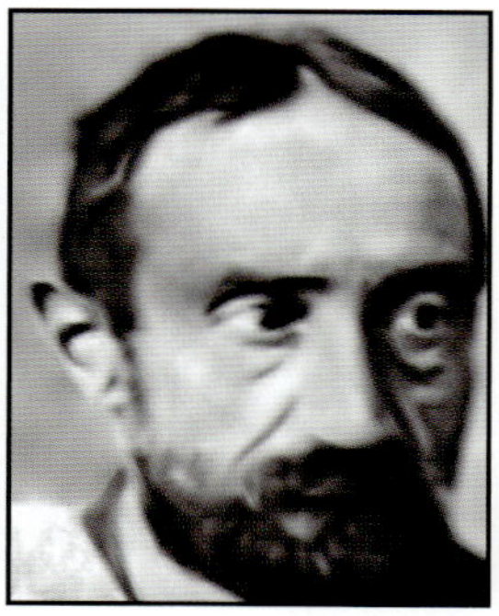

Michael Ostrog: Arzt. Wegen versuchten Totschlags mehrfach in der Psychiatrie

Georg Chapman: Begeht drei Giftmorde. Wird 1903 hingerichtet

Walter Sickert: Maler. Wird aufgrund seiner Skizzen und Motive verdächtigt

Hier, in der Buck's Row, einer Straße in London, findet der Fuhrmann George Cross die Leiche von Mary Ann Nichols. Der Mörder hatte ihr die Kehle durchgeschnitten

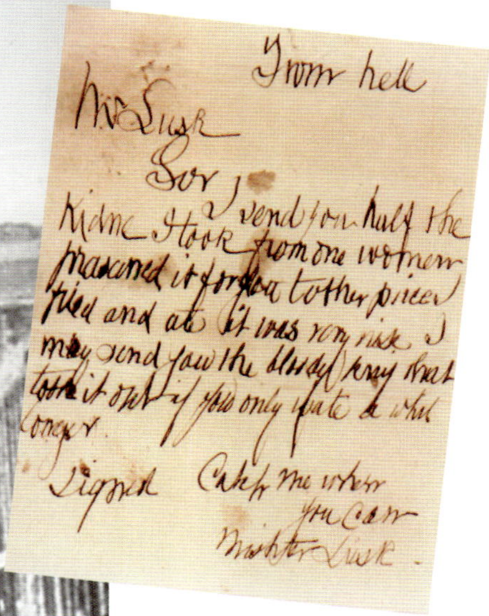

From hell

Mr Lusk
Sor
I send you half the Kidne I took from one women prasarved it for you tother piece I fried and ate it was very nise I may send you the bloody knif that took it out if you only wate a whil longer

signed Catch me when you Can Mishter Lusk

Post vom Ripper

Während der Ermittlungen erhält die Polizei Hunderte von Briefen. Die meisten kommen von Personen, die mit ihren Aussagen helfen wollen. Aber es treffen auch viele Briefe ein, in denen sich der Absender dazu bekennt, Jack the Ripper zu sein. Die meisten Briefe entpuppen sich als Scherze oder Fälschungen. Drei Briefe nimmt die Polizei ernst. Sie könnten tatsächlich vom Ripper stammen. Einem Brief liegt sogar eine menschliche Niere bei. Der Absender konnte nie ermittelt werden.

werden auf offener Straße getötet, immer auf die gleiche Weise. Wer ist der Mann, der diese grauenhaften Morde verübt?

Schwere Zeiten für Ärzte, Metzger und Schuhmacher

Jack the Ripper ist das Thema, das nun jedes Gespräch in London beherrscht. Es entstehen viele Gerüchte, die die Polizeiarbeit erschweren. Es heißt, der Mörder habe ein extra langes Messer benutzt und eine Lederschürze getragen, um seine Kleidung nicht zu beschmutzen. Für Metzger, Schuhmacher oder Korbmacher brechen schwere Zeiten an. Sogar Ärzte werden verdächtigt, weil der Täter so genau wie ein Chirurg vorgegangen ist. Zeugen wollen Bettler oder Ausländer in der Nähe der Tatorte gesehen haben. Die Polizei ist ratlos, nimmt zahllose Verdächtige fest. Fast 1000 sind es. Aber niemand kann überführt werden. Es gibt zu wenig Beweise. Jack the Ripper wird nie gefasst. Auch heute noch rätselt man darüber, wer er war.

Der Mörder schlägt zu. Gruselige Illustrationen überJack the Ripper veröffentlichen Ende des 19. Jahrhunderts viele englische Zeitungen. Und nicht wenige Menschen bekommen noch mehr Angst

GILLES DE RAIS

Scheusal in Menschengestalt

Ungeheuer in Ritterrüstung: Gilles de Rais (1404-1440) hat mehr als 140 Kinder auf dem Gewissen. Er hat sie auf grauenvolle Weise gefoltert und anschließend ermordet

Den Kirchenbeamten stockt der Atem. Manche müssen sich sogar übergeben, so ekelhaft sind die Entdeckungen, die sie auf der Burg des Grafen Gilles de Rais machen: Überall Totenschädel und Leichenteile von Kindern.

All das sind die schaurigen Zeugnisse der furchtbaren Verbrechen von Gilles de Rais. Mindestens 140 Kinder hat dieses Scheusal auf dem Gewissen. Was ist das für ein Mensch, der wehrlose Kinder missbraucht und sie anschließend auf grausame Weise tötet?

Er stammt aus einer vornehmen Familie und nimmt als Heerführer am Krieg zwischen Frankreich und England teil. Vielleicht sind es die blutigen Kriegserlebnisse, die ihn gefühllos gegenüber anderen Menschen machen und seine Sinne verrohen. Schon im Krieg zeigt sich seine krankhafte Neigung. Er foltert Gefangene und hängt sie auf qualvolle Weise auf. Nach dem Krieg zieht er sich auf seine Schlösser und Burgen in der fernen Bretagne zurück. Dort weist er seine Diener an, Kinder zu entführen und zu ihm zu bringen. Seine Schandtaten versucht er zu verdecken, indem er der Kirche großzügige Geschenke macht. Andererseits sucht er in schwarzen Messen den Kontakt zum Teufel.

Die Bauern in der Umgebung ahnen sehr wohl, dass auf seinen Burgen Böses geschieht. Aber niemand wagt es, gegen ihn vorzugehen. Erst als die Gerüchte sich verstärken und weil er einen Priester gefangen genommen hat, wird er verhaftet. Die entsetzlichen Funde auf seinen Burgen sind Beweis genug. In einem Aufsehen erregenden Prozess legt Gilles de Rais ein Geständnis ab. Seine Strafe: Tod durch Erhängen.

Das Beten zu Gott nimmt ihm keiner ab: Der Serienmörder Gilles de Rais wird 1440 in Nantes öffentlich hingerichtet

DR. HAWLEY CRIPPEN

Netter Arzt oder Giftmischer?

Verewigt: Dr. Hawley Crippen (1862-1910) als Figur im Londoner Wachsfigurenkabinett

Streit haben Cora und Dr. Hawley Crippen öfter. Aber eines Tages geschieht nach einer kleiner Feier im Hause des netten und angesehenen Arztes etwas Merkwürdiges: Die junge Ehefrau ist wie vom Erdboden verschluckt.

Ein Fehlurteil?

Fast 100 Jahre später macht der Fall wieder Schlagzeilen: Die Leiche im Keller war gar nicht Cora Crippen! Das weisen Experten im Jahr 2005 nach. Die Mediziner haben aus Gewebeproben der Leiche ein Stück DNA isoliert und sie mit den Erbanlagen der vermissten Ehefrau verglichen. Ergebnis: Keine Übereinstimmung. Die brennende Frage: Wenn die Leiche im Keller nicht seine Frau war, wer war sie dann? Vermutlich eine Frau, die bei einer heimlichen Abtreibung ums Leben kam, sagt die Polizei. Angeblich hat Dr. Crippen damals solche verbotenen Eingriffe gemacht. Ungeklärt bleibt allerdings, wie Cora Crippen verschwunden ist.

Stattdessen zieht die Geliebte des Arztes, Ethel, in sein Haus ein und trägt ohne Bedenken die Kleider der verschwundenen Ehefrau. Kein Wunder, dass das auffällt. Der Arzt sagt, seine Frau sei nach Amerika zurückgekehrt. Die Polizei glaubt ihm nicht, untersucht sein Haus, findet jedoch nichts. Dann reisen Crippen und seine Geliebte plötzlich ab, mit unbekanntem Ziel. Neuer Verdacht, neue Ermittlungen. Jetzt entdeckt die Polizei im Keller die Leiche einer Frau. In ihrem Körper: Spuren einer Giftmischung. Nun beginnt die Jagd auf Dr. Crippen.

Der ist inzwischen auf einem Schiff mit Kurs auf Amerika. Er hält sich für sehr schlau und hat sich und Ethel verkleidet, als Vater und Sohn. Aber der Kapitän erkennt ihn trotzdem anhand eines Fotos in einer Zeitung. Er funkt die englische Polizei an. Der zuständige Kommissar nimmt ein schnelleres Schiff und verhaftet Crippen auf hoher See. Vor Gericht in England tritt der Arzt als liebenswerter Gentleman auf, beteuert immer wieder: „Ich war es nicht." Keine Chance. Er wird zum Tode verurteilt. Ethel, seine Geliebte, hat mehr Glück: Freispruch.

Vergebliche Flucht: An Bord eines Schiffes schnappt die Polizei Dr. Crippen und seine Geliebte. Das Paar hatte sich als Vater und Sohn verkleidet und wurde trotzdem erkannt

CATHERINE MONVOISIN

Immer wenn es dunkel wird, empfängt Catherine Monvoisin lichtscheue Besucher. Sie wohnt am Stadtrand von Paris und man munkelt, sie sei eine Hexe. Damals im 17. Jahrhundert glauben viele Menschen an Hexen. In der Tat kennt sich Madame bestens mit geheimnisvollen Kräften aus. Für Adlige weissagt sie die Zukunft und verkauft Zaubergetränke. Für die Geliebte des französischen Königs hat sie einen Liebestrank gemixt, der ihren Einfluss auf den Herrscher steigern soll. In der kleinen Kapelle auf ihrem Grundstück hält sie angeblich sogar schwarze Messen ab. Als in der Stadt mehrere Menschen bei Giftmorden ums Leben kommen, gerät sie schnell in Verdacht. Polizisten graben daraufhin ihren Garten um. Der schreckliche Fund: Skelette, Knochen, Kleiderreste. Gerüchten zufolge sind es Überreste von mehr als 1000 Säuglingen. Angeblich hat die unheilvolle Catherine die Winzlinge vergiftet und ihr Blut für Zaubertränke und bei schwarzen Messen verwendet. Ihre Strafe: Tod auf dem Scheiterhaufen.

Giftmischerin und Magierin: Catherine Monvoisin (1632 - 1680)

GESCHE GOTTFRIED

Johann Rumpff stutzt, als er im rosigen Schinken weiße Kügelchen entdeckt. Er lässt den Schinken bei einem Apotheker untersuchen. Ergebnis: Die Kügelchen sind hochgiftiges Arsen. Um ein Haar wäre der Handwerkermeister ein weiteres Opfer der Bremer Giftmischerin Gesche Gottfried (1875 -1831) geworden.
15 Morde hat sie auf dem Gewissen. Viele Menschen wollen es nicht glauben, denn Gesche gilt als liebenswerte Frau, die sich rührend um kranke Verwandte kümmert und Armen regelmäßig Almosen gibt. Ihr erstes Opfer ist ihr Ehemann. Der stört sie, weil sie inzwischen einen Geliebten hat. Sie bringt sogar ihre Eltern und zwei ihrer Kinder um, weil sie ihr und ihrem Liebhaber im Weg stehen. Aber später muss auch er dran glauben. Danach schart sie reiche Verehrer um sich, die ihre Bekanntschaft meist nicht überleben. Sie tötet auch ihre beste Freundin und ihre langjährige Magd. Mord aus Leidenschaft, Mord aus Geldgier? Ihr wahres Motiv wird nie herausgefunden. Gesche Gottfried wird 1831 enthauptet.

ELISABETH BATHORY

Die nächtlichen Schreie aus der Burg sind deutlich zu hören. Trotzdem macht sich lange niemand in den umliegenden Dörfern Gedanken darüber. Die Herrin, die ungarische Gräfin Elisabeth Bathory, gilt als unantastbar. Lieber schweigt man. So kann die grausame Gräfin jahrelang, von etwa 1585 bis 1610, ungestört ihr blutiges Folterhandwerk betreiben. Erst sind es ihre Dienerinnen, die sie beißt oder ihnen Nadeln unter die Fußnägel steckt. Später vergreift sie sich an Bauernmädchen aus der Umgebung, die sie als Hausmädchen einstellt. Dann werden auch Töchter adliger Herkunft zum Opfer ihrer Folter. Sie sind ihr zur höfischen Erziehung anvertraut worden. Als sich die Anzeigen bei der Polizei schließlich häufen, stürmen Soldaten das Schloss. Vor Gericht werden ihr mindestens 80 Morde nachgewiesen. Ihre adlige Herkunft hilft der Blutgräfin: Kerker statt Todesstrafe. Drei Jahre später wird sie tot in ihrer Zelle aufgefunden...

Jetzt Ruine: Auf Burg Cachtice (Slowakei) foltert und tötet Elisabeth Bathory (1560 -1614) mehr als 80 Mädchen

JOHANN CHRISTIAN WOYZECK

Makabres Schauspiel: Tausende Menschen sehen zu, als Woyzeck (1780 – 1824) auf dem Leipziger Markt enthauptet wird

Tatort: ein Hausflur in Leipzig. Rasend vor Eifersucht sticht der Soldat Johann Christian Woyzeck auf die Witwe Johanna ein. Es ist die Frau, die er liebt und die ihn erneut abweist. Da rastet er aus und tötet sie. Der Mord, die Gerichtsverhandlung, Woyzecks Hinrichtung – und vor allem die Frage: War der Täter geisteskrank? Das alles dient später dem deutschen Dichter Georg Büchner als Vorlage für sein berühmtes Drama Woyzeck. Der historische Woyzeck wird 1780 geboren. Sein Leben ist gekennzeichnet von Armut, Erniedrigungen und Enttäuschungen und der verzweifelten Suche nach Glück und Liebe. Ein Leben zwischen Schwermut, Verfolgungsangst und Gewaltausbrüchen.

Im Gerichtsgutachten finden sich zahlreiche Hinweise darauf, dass Woyzeck geisteskrank sein könnte. Trotzdem hält ihn das Gericht für zurechnungsfähig und verurteilt ihn zum Tode.

Schummeln kennen viele aus der Schule. Und manche tricksen auch zu Hause, um sich Ärger zu ersparen. Aber es gibt sie auch im Großen, die Schummler, Fälscher und Betrüger. Sie führen ihre Mitmenschen so dreist und arglistig hinters Licht, dass sie vor Gericht und meistens ins Gefängnis müssen.

BETRÜGER, FÄLSCHER + SPIONE

Täuschen ist ihr Geschäft

BETRÜGER, FÄLSCHER + SPIONE

GRAF CAGLIOSTRO

Schlauer Trickser und Aufschneider

Mozart setzte ihm mit der Figur des Sarastro in seiner Zauberflöte ein unsterbliches Denkmal. Goethe besuchte sein Geburtshaus: Guiseppe Balsamo, besser bekannt und berüchtigt als Graf Cagliostro. Vom europäischen Adel hofiert, von den Massen geliebt und von der Kirche gefürchtet. Wer ist dieser geheimnisumwobene Cagliostro, der Wohltäter und Betrüger, Aufklärer und Scharlatan zugleich war?

Wunderheiler, Goldmacher und Zauberkünstler: Guiseppe Balsamo (genannt Graf Cagliostro (1743 – 1795) versteht es meisterhaft, anderen Leuten mit seinen zweifelhaften Kunststücken Geld aus der Tasche zu ziehen

Guiseppe wird in einem Kloster bei Palermo erzogen, wo er erste Kenntnisse in Medizin und Chemie erwirbt. Er ist eher ein Spaßvogel als ein frommer Junge. Deshalb ist es kein Wunder, dass er bald aus dem Kloster fliegt. Draußen in der Welt übt er sich in der Kunst, seine Mitmenschen hinters Licht zu führen, ohne dass sie es merken: Betrügereien, Trickdiebstähle, Münz- und Kreditbrieffälschungen. Später gibt er sich als Alchemist aus, also als ein Mann, der aus Metall Gold machen kann. Vor allem Fürsten, Kardinäle und Mitglieder der europäischen Oberschicht fallen leichtgläubig auf seinen Schwindel herein. Er versteht es, ihnen weis zu machen, dass seine alchemistische Kunst ihr Vermögen vergrößert. Als am Anfang seine magischen Tätigkeiten nicht so gut bezahlt werden, wie er es sich erhofft hatte, setzt er seine Ehefrau Serafina als Geldbeschafferin ein. Die schöne Römerin versteht es geschickt, sich von wohlhabenden Männern den Lebensunterhalt bezahlen zu lassen.

Er schafft es immer wieder zu entkommen

Balsamo selbst legt sich den falschen Namen Graf Cagliostro zu. Das öffnet ihm in höfischen Kreisen Tür und Tor. Als Herr und Frau Gräfin reist das Paar quer durch Europa. Nach Rom, Venedig, Paris, London und St. Petersburg. Cagliostro verkauft mit wachsendem Erfolg Liebestränke, Schönheitsmixturen und alchemistische Pulver. Und macht als Seher, Geisterbeschwörer und Wunderheiler von sich reden.
Übrigens: Arme behandelt er kostenlos, deswegen liebt ihn das Volk, aber die Ärzte hassen ihn. Es dauert nie lange, bis man ihm auf die Schliche kommt. Aber Balsamo

Cagliostro in seiner Hexenküche: Vor den Augen eines Bischofs tut er so, als stelle er Gold her. In Wahrheit schmilzt er einfaches Metall und gibt Schwefel dazu, damit es wie Gold aussieht

schafft es immer wieder, seinen Kopf aus der Schlinge zu ziehen. Den verliert er beinahe, als er als Mitverschwörer in der sogenannten Halsbandaffäre verdächtigt wird. Dabei geht es um gefälschte Briefe und ein wertvolles Diamanthalsband. In diesem Fall ist Cagliostro wirklich unschuldig. Später gelingt es ihm, in die Freimaurerloge, einen mächtigen Geheimbund, aufgenommen zu werden. Als seine wahre Identität auffliegt, wird er aus England ausgewiesen. Mittlerweile ist sein Ansehen in ganz Europa gesunken. In Rom gerät er in die Fänge der Kirche. Freunde und Beschützer hat er nicht mehr. Seine Frau, die er stets für seine Gaunereien eingespannt hat, sagt sogar im Prozess gegen ihn aus. Das Kirchengericht verurteilt ihn wegen Ketzerei zum Tode. Aber gerissen, wie er ist, verrät er Geheimnisse, die frei erfunden sind. Im letzten Moment wird er zu lebenslanger Haft begnadigt. Er stirbt 1795 an einem Schlaganfall.

Gern gesehener Gast in den Salons der Reichen und Wichtigen: Graf Cagliostro (rechts)

Warum fallen so viele auf ihn herein?

Cagliostro versteht es, sich mit dem Mantel des Geheimnisvollen zu umgeben. Er hat eine besondere Ausstrahlung, die vor allem Frauen in seinen Bann zieht. Bis zu einem gewissen Grad kann er das Denken, Fühlen und Handeln von Menschen beeinflussen. Und viele Leute in der damals unruhigen Zeit glauben nur allzu gerne an all die Wunder, die er angeblich vollbringt.

Anna Anderson (1900 – 1984) gaukelt der Welt vor, dass sie Anastasia, die Tochter des Zaren sei...

ANASTASIA

„Ich bin eine Zarentochter"

Februar 1920: Eine Frau wird in letzter Sekunde aus dem Berliner Landwehrkanal gezogen. Ein Selbstmordversuch. Die offenbar verwirrte Frau kommt in ein Heim. Sie spricht kein Wort, bis sie plötzlich ihr Schweigen bricht und behauptet, Anastasia Romanowa zu sein, die jüngste Tochter des letzten russischen Zaren.

Familienfoto: Zar Nikolaus II. mit seiner Frau Alexandra und seinen Kindern. Ganz rechts Anastasia. Das Mädchen hat angeblich als einzige die Ermordung der Zarenfamilie überlebt

Die sensationelle Nachricht, dass ein Mitglied der Zarenfamilie die Ermordung der russischen Herrscherfamilie überlebt hat, hält den europäischen Adel fast das ganze Jahrhundert in Atem. Einige Mitglieder des Adels glauben ihr nicht und versuchen, die Frau als Hochstaplerin zu entlarven. Aber viele Menschen halten die abenteuerliche Geschichte ihrer Flucht aus Russland für wahr und sehen in ihr die verschollene Großfürstin.

Sie lebt auf Kosten reicher Gönner – erst in Amerika, wo sie den Namen Anna Anderson annimmt, später in Unterlengenhardt im Schwarzwald. In dem kleinen Dorf haust die streitbare und wunderliche Frau in einer ehemaligen Militärbaracke – zusammen mit sage und schreibe 60 Katzen. In vielen Prozessen versucht sie, sich vor Gericht ein großes Erbteil des ermordeten Zaren zu erstreiten. Vergeblich.
Schließlich zieht sie ganz nach Amerika und heiratet dort. Ihr Mann, 23 Jahre jünger als sie, glaubt fest an ihre adlige Abstammung. Und bis zu ihrem Tode im Jahr 1984 behauptet Anna unerschütterlich, Anastasia zu sein.
Erst zehn Jahre später wird das Geheimnis ihrer wahren Herkunft gelüftet: Mit Hilfe einer Genanalyse weisen Biologen nach, dass Anna gar keine Zarentochter war, sondern eine polnische Landarbeiterin.
Bemerkenswert: Obwohl Anna als Hochstaplerin entlarvt ist, steht auf ihrem Grabstein immer noch der Name Anastasia.

GREGOR MACGREGOR

Er treibt Tausende ins Verderben

Hochstapler: Gregor MacGregor (1786 – 1845) muss sich für seinen Betrug nie vor Gericht verantworten. Er hat das, was man heute Vitamin B nennt, also gute Beziehungen

Er betrügt Tausende Menschen um ihr Geld, trotzdem kommt er ungeschoren davon. Gregor MacGregor ist einer der durchtriebensten Schwindler und Hochstapler des 19. Jahrhunderts.

Er taucht 1820 in London auf und gibt sich großspurig als Gregor I., Fürst von Poyais, aus. Er hat in Südamerika als Offizier für die Befreiung Boliviens von Spanien gekämpft. Jetzt ist er angeblich ein mächtiger Herrscher über ein Land mit großen Goldvorräten und fruchtbarem Boden. In Wahrheit ist das Land nur ein sumpfiger Dschungelstreifen an der Küste Mittelamerikas. Die dort lebenden Indianer hat MacGregor einfach von seiner Söldnertruppe vertreiben lassen.

Erstaunlicherweise glaubt man ihm das Märchen. Der Schwindler lässt Banknoten mit dem Wappen des vermeintlichen Fürstentums drucken und tauscht sie gegen britische Pfund ein. Für viel Geld verkauft er Grundbesitz seines Wunderlandes. Obwohl die ersten Auswandererschiffe am angeblichen Hafen von Poyais auf Grund laufen und viele Menschen ertrinken, kommt der Betrüger nicht vor Gericht. MacGregor reist unbehelligt nach Venezuela aus, wo er 1845 stirbt.

Kein Hafen in Sicht, das Schiff mit Auswanderern aus England strandet und versinkt in den Fluten. Die Menschen sind auf einen skrupellosen Schwindler hereingefallen

ABRAHAM W. KÜFNER

Als er das Selbstbildnis des berühmten Malers Albrecht Dürer (Abbildung rechts) in die Hand nimmt, hat der Maler Abraham Wolfgang Küfner (1760 – 1817) eine Idee. „Die Holztafel mit dem Gemälde darauf ist dick genug für zwei Bilder", denkt er sich. Er greift zur Säge und macht aus der einen Tafel zwei. Beide gleichgroß, aber nur noch halb so dick. Auf die hintere Hälfte, auf der die Echtheitssiegel angebracht sind, malt er eine genaue Kopie und gibt sie als angebliches Original an die Stadt Nürnberg zurück. Damit hat er seinen Auftrag erfüllt, das Bild Dürers zu restaurieren. Niemand bemerkt den Betrug. Erst als er das Originalgemälde an den bayerischen Kurfürsten in München verkauft, kommt man ihm auf die Schliche. Seltsam: Wegen dieses Betrugs wird er nie vor Gericht gestellt, muss aber später wegen Falschmünzerei ins Gefängnis.

MATA HARI

Furchtlos steht sie vor dem Erschießungskommando. Sie will keine weiße Augenbinde. Dann fallen die Schüsse. Mata Hari (1876 – 1917) ist tot. Hingerichtet wegen Hochverrats. Ob sie wirklich jemals ein Kriegsgeheimnis an die Franzosen verraten hat, ist nicht bewiesen. Trotzdem geht sie als schönste und rätselhafteste Spionin aller Zeiten in die Geschichte ein. Als Margaretha Zelle erblickt sie in einem Dorf in den Niederlanden das Licht der Welt. Sie sieht anders aus, als man sich eine Holländerin vorstellt: dunkles Haar, dunkle Augen und eine dunklere Hautfarbe. Mit einem 20 Jahre älteren Offizier geht sie nach Indonesien. Dort lernt Margaretha Sitten und Tänze der Einheimischen kennen. Nach ihrer Scheidung kehrt sie nach Europa zurück und beginnt in Paris ein neues Leben. Sie gibt sich den Namen Mata Hari, nutzt ihr exotisches Aussehen und tritt als indische Tempeltänzerin auf. Während sie tanzt, zieht sie sich aus – allerdings nicht ganz. Es sind andere Zeiten damals. Sie verdient viel Geld, gibt es aber auch schnell wieder aus. Während des Ersten Weltkrieges lässt sich Mata ihre Gunst von hochrangigen Offizieren bezahlen, von deutschen, holländischen und französischen. Diese Kontakte sind es wohl, die den deutschen Geheimdienst dazu bringen, Mata Hari als Spionin anzuwerben. Fest steht, dass sie viele Reisen in die Hauptstädte Europas unternimmt und Verbindungen zu Offizieren hat. Dadurch wird der französische Geheimdienst auf sie aufmerksam, der ihr wahrscheinlich anbietet, als Doppelagentin zu arbeiten. Vermutlich, weil sie falsche Infos liefert, stellen die Franzosen ihr eine Falle, in die sie tappt. Sie wird von einem Kriegsgericht zum Tode verurteilt.

Als exotische und leicht bekleidete Tempeltänzerin verdreht Mata Hari vielen Männern den Kopf

HAN VAN MEEGEREN

Lange bleiben die Betrügereien des holländischen Malers unentdeckt. Erst als Han van Meegeren (1889 – 1947) dem Nazi-Feldmarschall Hermann Göring ein Bild des weltberühmten Künstlers Jan Vermeer andreht, fliegt er auf. Er kommt ins Gefängnis, weil er angeblich nationales Kulturgut ins Ausland verkauft hat. Niemand glaubt ihm, als er schwört, dass er das Bild gefälscht habe. Um das zu beweisen, lässt er sich Pinsel und Farben bringen und malt im Gefängnis noch einen Vermeer. Wieder täuschend echt. Dann gesteht er, dass er noch weitere Vermeers gefälscht habe. Vor Gericht kommt das wahre Leben Han van Meegerens ans Licht. Ein Mann voller Minderwertigkeitskomplexe, der sich selber für einen verkannten Künstler hält. Mit seinen Fälschungen, von denen sich selbst Experten täuschen lassen, will er der Welt sein wahres Talent beweisen. Schnell hat er auch erkannt, dass sich mit den falschen Vermeers viel Geld verdienen lässt. Um die Farben älter aussehen zu lassen, schiebt er die Bilder in den Ofen. Nicht einmal seine Frau ahnt etwas von seinem betrügerischen Treiben. Das viele Geld, das er für seine Fälschungen bekommt, macht ihn nicht glücklich. Er trinkt, raucht, nimmt Drogen. Das Gericht verurteilt ihn nur zu einem Jahr Gefängnis. Die Haft kann er nicht mehr antreten. Er stirbt 1947 an einem Herzinfarkt. Später dann der zweifelhafte Erfolg: Seine Fälschungen erzielen Höchstpreise ...

Oben: Han van Meegeren bei einer Fälschung. Unten: Vermeers berühmtes „Mädchen mit dem Perlohrring". Van Meegeren gewinnt das Vermeer-Blau, indem er den Halbedelstein Lapislazuli zerreibt

TILE KOLUP

Hoch zu Ross reitet im Jahr 1285 ein älterer Mann im vornehmen Gewand in die Stadt Wetzlar ein. Der Reiter gibt sich als der zurückgekehrte Kaiser Friedrich II. aus. Er ist in Wahrheit ein Hochstapler namens Tile Kolup. Friedrich II. ist seit 1250 tot, gestorben im fernen Orient. Im damaligen Deutschen Reich entstand kurz darauf die Sage, er sei noch am Leben. Tile Kolup nutzt diese Situation. Er hat ein gefälschtes kaiserliches Siegel und will sein Amt als höchster Richter ausüben – so wie er es in Köln und Neuss schon versucht hat. Nur dort sind die Bürger nicht auf den Betrüger hereingefallen, sondern haben ihn verjagt. Auch in Wetzlar dauert seine Hochstapelei nicht lang. Der rechtmäßige Herrscher, König Rudolf von Habsburg, kommt mit Truppen und nimmt Tile gefangen. Er lässt ihn so lange foltern, bis er seinen wirklichen Namen preisgibt. Dann wird Tile als Ketzer auf dem Scheiterhaufen verbrannt.

TREFF-Schülerwissen
GEFÜRCHTET
Die Wahrheit über berühmte & berüchtigte Menschen

Velber Verlag

Grafische Gestaltung: Dietmar Beyer
Texte: Detlev Krüger-Sperling
Bildredaktion: Dietmar Beyer
Sekretariat: Stephan Brünig
Grafische Mitarbeit: Stefan Düsseldorf

Titelabbildungen:
Hintergrundmotiv: Cinetext Bildarchiv/aus dem Film: „1492 - Die Eroberung des Paradieses"
Hauptmotiv: Cinetext Bildarchiv/aus dem Film „Aguirre - Der Zorn Gottes", (BRD 1972, Regie: Werner Herzog, mit Klaus Kinski als Aguirre
Kleine Titelabbildungen:
Gerd Werner, Cinetext Bildarchiv
Umschlagrückseite:
Hulton Archive/Getty Images; Gerd Werner; Wikipedia/Hans Holbein d. J.

Vorsatz:
Erste Reihe, v. l. n. r.: Manfred Rohrbeck; Wikipedia; Wikipedia; Wikipedia/SbHarris; Gerd Werner; Wikipedia/Kölreuter; Wikipedia/Paul Jacques-Aime Baudry; Wikipedia
Zweite Reihe, v. l. n. r.: Wikipedia; Wikipedia; Wikipedia; Wikipedia; Wikipedia/Achille Deveria; Wikipedia/Santi di Tito; Wikipedia
Dritte Reihe, v. l. n. r.: Wikipedia (5)
Vierte Reihe: Abb. Gilles de Rais aus „Historische Serienmörder" von Michael Kirchschlager/Kirchschlager Verlag Arnstadt; Wikipedia/Jack1956; Wikipedia/Sumaru; Wikipedia
Gr. Abb. links: picture-alliance/akg
Gr. Abb. rechts: Wikipedia/V.M. Vasnetsov

S. 4-5/Innentitel: Manfred Rohrbeck (2)
S. 6-7, v. l. n. r.: Cinetext Bildarchiv/aus dem Film „Troja", USA 2004, Regie: Wolfgang Petersen; Getty Images/Allied Artists; Cinetext Bildarchiv/ aus dem Film „Fluch der Karibik", USA 2003, Regie: Gore Verbinski; Ubisoft „Assassins Creed"/Ubisoft Montreal; Manfred Rohrbeck; Charles M. Russel „Smoke of a 45"/Amon Carter Museum/Fort Worth/USA; Cinetext Bildarchiv/aus dem Film „Gladiator", USA 2000, Regie: Ridley Scott; Getty Images/ Silver Screen Collection; Pixelio/marika/klausi; istockphoto.com

EROBERER
S. 8-9: Cinetext Bildarchiv/aus dem Film „Troja", USA 2004, Regie: Wolfgang Petersen
S. 10-11: Mehmet Gülergün
S. 12: Gerd Werner (oben); Wikipedia (2)
S. 13: Gerd Werner
S. 14-15: Getty Images/MPI; Wikipedia (oben links und unten rechts)
S. 16-17: Wikipedia (oben links); Gerd Werner (unten links, unten rechts); Mehmet Gülergün
S. 18-19: picture-alliance/Costa/leemage (links); Wikipedia (2)
S. 20: Wikipedia (oben links); Cinetext Bildarchiv/aus dem Film „Aguirre - Der Zorn Gottes", (BRD 1972, Regie: Werner Herzog, mit Klaus Kinski als Aguirre
S. 21: Wikipedia (oben links); Gerd Werner
S. 22: Wikipedia (oben links, oben rechts); Mehmet Gülergün
S. 23: Mehmet Gülergün (oben rechts); Wikipedia/Bildarchiv der Dt. Kolonialgesellschaft

GANGSTER + GANOVEN
S. 24-25: Getty Images/Allied Artists
S. 26-27: Getty Images/Hulton Archive (links und rechts unten); picture-alliance/UPI (oben)
S. 28-29: picture-alliance (links); picture-alliance/akg (unten); picture-alliance (rechts)
S. 30: picture-alliance/UPI; Wikipedia/David Winkler
S. 31: Wikipedia; Wasyl Bagdaschwili (unten)
S. 32: Wikipedia/Kölreuter (oben); Wikipedia/G. Scott (Mitte links); Wikipedia/K. Bjornsrud; Wikipedia
S. 33: Deutsches Spielkartenmuseum Leinfelden-Echterdingen (oben links); Wikipedia (2)

PIRATEN
S. 34-35: Cinetext Bildarchiv/aus dem Film „Fluch der Karibik", USA 2003, Regie: Gore Verbinski
S. 36-37: Wikipedia (Mitte links); Wikipedia/Th. Nicholls (links unten); Wikipedia (rechts unten); Gerd Werner
S. 38-39: Manfred Rohrbeck (links); Wikipedia (3)
S. 40: picture-alliance/AKG (2)
S. 41: Wikipedia/Howard Pyle
S. 42-43: Wikipedia (3) (unten links, Mitte, rechts unten); Gerd Werner

ATTENTÄTER

S. 44-45: Ubisoft „Assassins Creed"/Ubisoft Montreal
S. 46-47: picture-alliance/AKG (2); Wikipedia (unten rechts)
S. 48: Wikipedia/Paul Jacques-Aime Baudry
S. 49: picture-alliance (2)
S. 50-51: Wikipedia (4); Ubisoft „Assassins Creed" /Ubisoft Montreal (3)

LICHT + SCHATTEN

S. 52-53: Manfred Rohrbeck
S. 54-55: Manfred Rohrbeck
S. 56: Wikipedia (2)
S. 57: Gerd Werner; Wikipedia (5)
S. 58: Wikipedia (3)
S. 59: picture-alliance/AKG (2)
S. 60: Wikipedia (2)
S. 61: picture-alliance (links); Wikipedia/H.P. Haack
S. 62-63: Cinetext/aus dem Film „Francois Vidocq", 1971, Regie: Georg Marischka (unten links); picture-alliance (unten rechts); Wikipedia (3)
S. 64: Wikipedia/Gösta Florman; Gerd Werner (2)
S. 65: Wikipedia/Hans Holbein d. J. (7)
S. 66-67: Wikipedia/Santi di Tito (oben links); Wikipedia (5)

REVOLVERHELDEN

S. 68-69: Charles M. Russel „Smoke of a 45"/Amon Carter Museum/Fort Worth/USA
S. 70-71: picture-alliance (links); picture-alliance/AKG (oben rechts); Wikipedia
S. 72: Wikipedia (oben links); Wikipedia (unten links)
S. 73: Wikipedia (2); Getty Images/ Hulton Archive
S. 74: Wikipedia/Sbharris (oben links, unten links); picture-alliance/ akg (unten rechts)
S. 75: picture-alliance/akg (oben rechts); Wikipedia (2)

HERRSCHER

S. 76-77: Cinetext Bildarchiv/aus dem Film „Gladiator", USA 2000, Regie: Ridley Scott
S. 78-79: Manfred Rohrbeck
S. 80-81: picture-alliance/AKG (links); Wikipedia (2)
S. 82-83: AKG (gr. Abb.); picture-alliance/akg
S. 84-85: Gerd Werner (3); Wikipedia (unten links)
S. 86-87: Wikipedia (4)
S. 88-89: Gerd Werner (oben links); picture-alliance/akg (Mitte oben); Wikipedia (4)

MÖRDER

S. 90-91: Getty Images/ Silver Screen Collection
S. 92-93: picture-alliance/dpa (rechts und links oben); ddp (unten links)
S. 94-95: Getty Images/ Hulton Archive (links oben, Mitte oben); Wikipedia (6)
S. 96: Abb. Gilles de Rais aus „Historische Serienmörder" von Michael Kirchschlager/ Kirchschlager Verlag Arnstadt (oben links); Gerd Werner
S. 97: Wikipedia (oben rechts); picture alliance/united archiv
S. 98: picture-alliance/AKG (unten links); picture-alliance/maxppp (oben rechts); Wikipedia (Mitte links); Pixelio/C. Nöhren
S. 99: Wikipedia (5)

BETRÜGER, FÄLSCHER + SPIONE

S. 100-101: Pixelio/marika/klausi; istockphoto.com
S. 102-103: Manfred Rohrbeck (rechts oben); Wikipedia (2)
S. 104: picture-alliance/obs (oben links); Wikipedia/www.forum.alexanderpalace.org
S. 105: Wikipedia (oben links); D.H. Husener
S. 106: Wikipedia/Albrecht Dürer (Mitte oben); picture-alliance/maxppp (unten rechts); Wikipedia/ www.greatwardifferent.com (Mitte); Getty Images/ Time & Life Pictures (oben rechts); Wikipedia; Wikipedia/Stadtarchiv Neuss (Mitte unten)

Wir danken allen Illustratoren, Fotografen und Verlagen für die Abdruckgenehmigung. Wir haben uns bemüht, alle Rechteinhaber ausfindig zu machen. Sollten wir eine Quelle nicht genannt haben, bitten wir die entsprechende Person, sich mit uns in Verbindung zu setzen.

GEHEIMZEICHEN

Gaunerzinken

Sie sehen harmlos aus, jene Kritzeleien, die oftmals heute noch an Häusern zu finden sind. Manche stammen einfach von Kinderhand. Aber einige dieser Schnörkel haben es in sich: Es sind sogenannte Gaunerzinken. Also Zeichen, die Auskunft darüber geben, wo es etwas zu erbetteln gibt oder darüber, wo sich ein Einbruch lohnt. Gaunerzinken haben eine lange Tradition. Es handelt sich um eine Art Geheimsprache. Sie wird seit dem 12. Jahrhundert von Menschen entwickelt und benutzt, die keinen richtigen Wohnsitz haben. Dazu zählen große und kleine Gauner, Bettler, Hausierer, Landstreicher und Nichtsesshafte. Mithilfe dieser Zinken tauschen lichtscheue Gestalten Nachrichten aus, etwa wenn einer von ihnen verhaftet worden ist oder fliehen muss. Oft informieren diese Zeichen sogar über geplante Straftaten oder Verräter. Mit ihnen kann man auch Komplizen anwerben sowie Geständnisse oder auch Verrat verbreiten. Die Zinken werden mit Kreide oder Kohle gemalt oder mit einem Messer geritzt. Und zwar an Orten, die gewöhnlich viele Gleichgesinnte aufsuchen: zum Beispiel Wirtshäuser, Bahnhöfe, Scheunen, Tore und Mauern wichtiger Gebäude.

Alleinstehende Person

Alte Leute

Kein Mann im Haus

Vorsicht, nicht ansprechen

Hände weg, gefährlich!

Schnell abhauen!

Hier gibt's was zu holen

Hier gibt's Essen

Für Arbeit gibt's kleinen Lohn

Hier ist nichts zu holen
(Beide Zeichen werden verwendet)